Pinterest

Andreas Werner

Pinterest

Ein Guide für visuelles Social-Media-Marketing

Bibliografische Information der Deutschen Nationalbibliothek
Die Deutsche Nationalbibliothek verzeichnet diese Publikation in der
Deutschen Nationalbibliografie; detaillierte bibliografische
Daten sind im Internet über <http://dnb.d-nb.de> abrufbar.

Bei der Herstellung des Werkes haben wir uns zukunftsbewusst für
umweltverträgliche und wiederverwertbare Materialien entschieden.
Der Inhalt ist auf elementar chlorfreiem Papier gedruckt.

ISBN 978-3-8266-9464-6
1. Auflage 2013

www.mitp.de
E-Mail: kundenbetreuung@hjr-verlag.de

Telefon: +49 6221/489-555
Telefax: +49 6221/489-410

© 2013 mitp, eine Marke der Verlagsgruppe Hüthig Jehle Rehm GmbH
Heidelberg, München, Landsberg, Frechen, Hamburg

Dieses Werk, einschließlich aller seiner Teile, ist urheberrechtlich geschützt. Jede Verwertung außerhalb der engen Grenzen des Urheberrechtsgesetzes ist ohne Zustimmung des Verlages unzulässig und strafbar. Dies gilt insbesondere für Vervielfältigungen, Übersetzungen, Mikroverfilmungen und die Einspeicherung und Verarbeitung in elektronischen Systemen.

Die Wiedergabe von Gebrauchsnamen, Handelsnamen, Warenbezeichnungen usw. in diesem Werk berechtigt auch ohne besondere Kennzeichnung nicht zu der Annahme, dass solche Namen im Sinne der Warenzeichen- und Markenschutz-Gesetzgebung als frei zu betrachten wären und daher von jedermann benutzt werden dürften.

Lektorat: Miriam Robels
Sprachkorrektorat: Petra Heubach-Erdmann
Covergestaltung: Christian Kalkert, www.kalkert.de
Satz: III-Satz, Husby, www.drei-satz.de
Druck: Kessler Druck + Medien, Bobingen

Inhaltsverzeichnis

Das nette Social Network — 11

1: Was ist Pinterest? — 15

1.1	Pinterest über Pinterest		16
	1.1.1	Pin	17
	1.1.2	Boards = Pinnwände	18
	1.1.3	Follow	19
	1.1.4	Entfolgen	19
	1.1.5	Pin It Bookmarklet	20
	1.1.6	Feed	20
1.2	Pinterest ist neu und entwickelt sich		21
	1.2.1	Samstag & Sonntag sind Umbautage	21
	1.2.2	Der beste Browser	21
1.3	Pinterest im Kontext der sozialen Netzwerke		22
	1.3.1	Facebook	23
	1.3.2	Twitter	24
	1.3.3	Der Bilder-Trend	24
1.4	Der geschäftliche Nutzen		27

2: Warum Pinterest? 29

2.1	Private Motive	30
	2.1.1 Sammeln von Schönem, Lustigem und Spannendem	30
	2.1.2 Pinterest ist positiv und nett	30
	2.1.3 Pinterest ist einfach	31
2.2	Motive von Spezialisten und ganz normalen Nutzern	32
2.3	Wichtig für Unternehmen	36
	2.3.1 Gewaltiges Reichweitenwachstum	36
	2.3.2 Großer Anteil weiblicher Nutzer	38
	2.3.3 Hohe Viralität & SEO	39
	2.3.4 Hohe Referral-Rate	40
2.4	Für welche Unternehmen ist Pinterest ein geeigneter Kanal?	41
	2.4.1 Tourismus & Gastronomie	43
	2.4.2 Lebensmittel	45
	2.4.3 Bekleidung	46
	2.4.4 Möbel & Haushaltsgeräte/-gegenstände	48
	2.4.5 Kunst/Fotografie	49
	2.4.6 Design & B2B	50

3: Die Einrichtung des Accounts 53

3.1	Der Start	54
	3.1.1 Anmelden mit Facebook oder Twitter?	55
	3.1.2 Pinnwänden folgen	56
	3.1.3 Account vervollständigen	57
	3.1.4 Benachrichtigungseinstellungen	61
3.2	Was Unternehmen beachten sollten	62
3.3	Ein Account oder mehrere?	64
3.4	Die Website verifizieren	66
	3.4.1 Eigener Webserver	66
	3.4.2 Blog ohne eigenen Webserver	68
3.5	Das Konto in einen Business-Account umwandeln	70
3.6	Boards	72

	3.6.1	Boards anlegen	73
	3.6.2	Welche Boards anlegen	74
	3.6.3	Gruppen-Boards	79
	3.6.4	Geheime Boards	82
	3.6.5	Boards sortieren und das Startbild festlegen	84

4: Wie funktioniert Pinnen? 87

4.1	Repinnen – weiterpinnen		88
	4.1.1	Der Repin-Vorgang	88
	4.1.2	Repins bearbeiten – editieren oder löschen	91
	4.1.3	Quellen für Repins	93
4.2	Pinnen mit einem Marklet / Pin-It-Button		101
	4.2.1	Das Marklet	101
	4.2.2	Pin-Hilfen	106
4.3	Wenn sich etwas nicht pinnen lässt		109
	4.3.1	Pinnen verboten	109
	4.3.2	Social-Bookmark-Dienste und Frame-Konzepte	109
4.4	Die Pinterest-Regeln für das Pinnen		111
	4.4.1	Seien Sie respektvoll	112
	4.4.2	Seien Sie Sie selbst	112
	4.4.3	Referenzieren Sie Ihre Inhalte richtig	113
	4.4.4	Seien Sie wachsam	113
	4.4.5	Seien Sie mitteilsam	114
	4.4.6	Rechtliches	115

5: Mobilgeräte 119

5.1	Umgang mit den Apps		120
	5.1.1	Weiterpinnen, bearbeiten, verschicken, teilen	121
	5.1.2	Benachrichtigungen & Einstellungen	122
	5.1.3	Mobile Primärpins	124
5.2	Noch ein nettes Werkzeug: pixword		127

6: Die eigene Website vorbereiten 129

6.1	Die Website	130
	6.1.1 Ist Pinnen auf der eigenen Website möglich und attraktiv?	130
	6.1.2 Sharing-Dienst für Pinterest aktivieren	134
	6.1.3 Vorbereitung für Rich Pins	135
	6.1.4 Lassen Sie sich folgen	141
	6.1.5 Widgets	143
6.2	Pinnen verhindern	145
6.3	Bilder	146
	6.3.1 Fotos	147
	6.3.2 Regeln für den Erfolg bei Fotos	153
	6.3.3 Grafiken	154
	6.3.4 Preisangaben	156
	6.3.5 Kurztext	156
	6.3.6 Domain & Zieladresse	157
6.4	Ein möglicher Workflow	158

7: Fans finden & Pins verbreiten 161

7.1	Repinnen & liken	162
7.2	Selbst folgen	163
7.3	Gewinnspiele	164
	7.3.1 Die Richtlinien	164
	7.3.2 Beispiele für Wettbewerbe und Gewinnspiele	168
7.4	Dienstleister & Kollegen	171

8: Pinterest-Analytics — 173

8.1	Das Pinterest-Werkzeug		174
8.2	Pins von den Seiten der Wettbewerber		177
	8.2.1	Pinterest Source Function	177
	8.2.2	PinAlerts	178
8.3	Datenaufbereitung der Follower, Pins, Repins & Kommentare		180
	8.3.1	Maximalanforderung für größere Unternehmen	180
	8.3.2	Piqora	182
	8.3.3	Curalate	186
	8.3.4	Pinpuff	188
8.4	Strukturierung der Daten		189
8.5	Sentiment?		189
8.6	Pins eigener Produkte von fremden Websites		190
8.7	Tracking von Pins auf der eigenen Website		191
8.8	Tracking des Referral-Traffic		191

9: Werkzeuge — 195

9.1	Bilder aus Dingen machen, die keine Bilder sind		196
	9.1.1	pinstamatic	196
	9.1.2	PinCo	197
9.2	Zeitversetzt pinnen mit PinGraphy		198
	9.2.1	Registrierung und erste Schritte	199
	9.2.2	Bilder bearbeiten	201
	9.2.3	Schedule	201

Quellen — 203

Index 207

Das nette
Social Network

Das nette Social Network

Genau das dachte ich, nachdem ich Pinterest einige Tage benutzt hatte: »Das nette Social Network«. Ein Freund hatte mir im Herbst 2011 eine Einladung besorgt – ohne eine solche bekam man keinen Zutritt. Es war die Phase als Pinterest in den USA geradezu explosionsartig wuchs und man in Deutschland noch nicht viel davon gehört hatte. Es funktionierte wie jetzt, auch wenn es inzwischen ein starkes visuelles Update gab und etliche neue Funktionen eingeführt wurden.

Ja – ich war begeistert davon. Pinterest ist sehr einfach zu bedienen und was mir noch viel besser gefiel: Die Stänkereien, Wutausbrüche – all das negative Karma – gibt es nicht auf Pinterest. Es ist durchweg positiv. Das hängt wahrscheinlich damit zusammen, dass es auf »Gefallen« ausgerichtet ist. Man folgt nur dem was gefällt und pinnt natürlich auch nur solches. Auch die Befreiung von »Freunden« scheint mir zwischenzeitlich durchaus angenehm zu sein. Man muss sich mit nichts auseinandersetzen und auch kein schlechtes Gewissen haben: Es gibt keinerlei schwerwiegende Meldungen, die man ignorieren muss. Diese Befreiung von dem mitunter Schweren und von jeglicher Zankerei ist durchaus angenehm. Ich pinne gerne und habe Spaß dabei – auch wenn es bei mir häufig von beruflicher Natur ist.

Meine leichte Begeisterung für die Plattform war es dann wohl auch, die mich dazu getrieben hat, im Frühjahr 2012 einen Pinterest-Guide für Unternehmen zu schreiben und kostenlos zu veröffentlichen. Als dann im vergangenen Herbst der Verlag auf mich zukam und dieses Buchprojekt anregte, war ich ein wenig unsicher. Zu der Zeit war ich noch mit einem anderen Buch beschäftigt und das Pinterest-Buch sollte sich auch an private Nutzer richten, nicht nur an Unternehmen. Das war neu für mich. Bisher hatte ich immer nur für Unternehmen oder Wissenschaftler geschrieben. Hier habe ich nun versucht die Belange von privaten Nutzern und Unternehmen gleichermaßen abzubilden – ich hoffe, dass Sie mit meiner Arbeit zufrieden sind.

Es war nicht wirklich einfach die Kapitel in eine schlüssige Folge zu bringen, die allen Anforderungen gleichermaßen genügt. Letztlich habe ich mich dafür entschieden, dem Adaptionsprozess zu folgen: Zunächst gibt es einige allgemeine Erklärungen zu Pinterest und den Nutzungsmotiven, dann gehe ich zur Einrichtung eines Kontos und der Arbeit mit demselben über. Erst dann komme ich zu speziellen Anforderungen für Unternehmen und zusätzlichen Werkzeugen, die man in diesem Rahmen einsetzen kann.

Mit diesem Buch hege ich keinen wissenschaftlichen Anspruch. Es war mir wichtig ein möglichst aktuelles und umfassendes Buch zu schreiben, das im täglichen Umgang mit Pinterest hilfreich ist. Dafür habe ich eingehend das von Pinterest selbst veröffentlichte Material gelesen, von Tool-Herstellern wurde recht viel kommuniziert und einiges von Forschungsinstituten. Nicht ganz wenig habe ich selbst erarbeitet. Zudem war die deutsche Pinterest-Gruppe auf Facebook eine wirklich hilfreiche Community. Leute – Ihr habt meinen herzlichen Dank wirklich verdient! Sollte ich versehendlich eine Quelle nicht genannt haben, dann Bitte ich um Rückmeldung.

Die Zusammenarbeit mit dem Verlag hat wirklich außerordentlich gut funktioniert. Miriam Robels hatte jederzeit ein offenes Ohr für mich und hat dafür gesorgt, dass das Manuskript rasch durch die Produktion ging. Dafür möchte mich an dieser Stelle herzlich bedanken!

Nun wünsche ich Ihnen noch viel Spaß und Erfolg mit Pinterest.

Andreas Werner
Aachen, im Juli 2013

Kapitel 1
Was ist Pinterest?

1.1	Pinterest über Pinterest	16
1.2	Pinterest ist neu und entwickelt sich	21
1.3	Pinterest im Kontext der sozialen Netzwerke	22
1.4	Der geschäftliche Nutzen	27

1 Was ist Pinterest?

Ich nehme an, dass Sie Pinterest schon benutzen oder wenigstens schon versucht haben, sich dort einen Account anzulegen – ganz gleich, ob Sie dies aus privaten oder geschäftlichen Gründen gemacht haben. Wahrscheinlich haben Sie schon ein wenig über Pinterest gehört und wollen Spaß oder Erfolg damit haben.

Am Anfang ist es hilfreich, das, mit dem man sich beschäftigen möchte, einzuordnen – was ist das eigentlich, mit dem man sich da beschäftigt? Antworten und Ansatzpunkte dafür findet man in verschiedenen Bereichen. Meistens erklären die Produzenten eines Produkts, wofür sie stehen – manchmal verständlich wie beispielsweise »Alles für das Kind«, mitunter auch kryptisch wie bei »der Mensch steht im Mittelpunkt«. Dabei ist es immer noch so, dass das, was ein Unternehmen denkt, was seine Kunden mit einem Produkt machen, und wie es die Kunden tatsächlich anwenden, total unterschiedlich sein kann. Auf beides möchte ich hier eingehen.

Für soziale Netzwerke, zu denen Pinterest gezählt werden kann, ist zudem deren Einordnung wichtig. Dabei geht es um Fragen hinsichtlich der Unterscheidungskriterien zu anderen Netzwerken, sehr ähnliche Netzwerke bzw. Kopien und die entscheidenden Vorteile des Netzwerks.

1.1 Pinterest über Pinterest

Wenn Sie in deutscher Sprache auf Pinterest einsteigen und noch nicht angemeldet sind, steht dort Folgendes zu lesen, »Tolle Sachen sammeln und sortieren«. Wenn Sie ein wenig weiterklicken und Pinterest nicht versehentlich die Sprache auf »Englisch« wechselt, steht dort:

Pinterest ist ein Werkzeug zum Sammeln und Sortieren von Sachen, die Sie lieben.

Sie sollen also sammeln und sortieren – das ist der Schwerpunkt. Facebook setzt einen anderen Schwerpunkt: »Facebook ermöglicht es dir, mit den Menschen in deinem Leben in Verbindung zu treten und Inhalte mit diesen zu teilen.« Dabei geht es also eher um die Verbindung mit anderen Menschen – und zwar solchen, die Sie kennen. Bei Pinterest ist das nicht so. Dort sammeln Sie entweder öffentlich oder privat – Teilen mit etwas wie Freundeskreisen ist nicht vorgesehen.

Nun mag man vielleicht meinen, dass aus den Worten »Sammeln« und »Sortieren« nicht klar wird, was tatsächlich geteilt wird. Sicher – aus den Worten nicht. Die Startseite, die Pinterest zeigt, sagt allerdings ganz deutlich, um was es geht – Bilder! Diese werden gesammelt und sortiert. Textinformationen sucht man unter den Bildern auf der Startseite vergebens. Sie scheinen Pinterest nicht wirklich wichtig zu sein. Dafür sieht man rechts oben in der Ecke einen Namen. Das ist wie bei vielen Netzwerken so. Links steht etwas von Aktivität, Repins und Follows. So wird gezeigt, wie Pinterest funktioniert. Auf anderen Bildern ist auch noch ein Smartphone integriert, um zu zeigen, dass auch die mobile Nutzung möglich ist.

Meldet man sich an, dann erklärt sich Pinterest so wie in Abbildung 1.1.

Abb. 1.1: Die Pinterest-Startseite, wenn man nicht eingeloggt ist

1.1.1 Pin

Ein Pin fängt mit einem Bild oder Video an, das du zu Pinterest hinzufügst. Du kannst ein Pin von einer Website hinzufügen, indem du das Pin it Bookmarklet benutzt, oder ein Bild von deinem Computer hochladen. Jeder Pin auf Pinterest kann weitergepinnt werden und ist mit seiner Quelle verlinkt.

Damit wird schon ziemlich genau beschrieben, was man mit Pinterest nun wirklich machen kann: Pins selbst setzen und andere Pins weiterpinnen. So völlig korrekt ist die kurze Umschreibung nicht. Es gibt noch einige Details, die an anderer Stelle in diesem Buch spezifiziert werden oder sich ohnehin aus der Logik der Definition ergeben. Wie sollte beispielsweise ein Pin, den man von seinem Computer hochlädt, mit seiner Quelle verbunden bleiben? Da das nicht funktionieren kann, kann jedem vom Computer hochgeladenen Pin eine Adresse hinzugefügt werden.

1.1.2 Boards = Pinnwände

Ein Board ist der Ort, an dem du deine Pins nach Themen sortierst. Das können Pins sein, die Inspiration zur Modernisierung deines Badezimmers oder eines Hauses geben. Boards können öffentlich oder geheim sein. Du kannst andere Leute dazu einladen, mit dir gemeinsam auf eins deiner Boards zu pinnen.

Boards sind neben den Pins die wichtigsten Objekte von Pinterest. In der deutschsprachigen Version werden Sie Pinnwände genannt. Die Themen für ein Board festzulegen und was man nun letztlich darauf sammelt, ist anfangs nicht ganz einfach. Pinterest gibt hier Themen vor, die man auch zur Suche nach Material für die eigenen Boards benutzen kann. Badezimmer oder Häuser greifen als Material viel zu kurz. Damen haben an dieser Stelle ein mitunter weitaus differenziertes Spektrum an speziellen Themen als Herren. Von Bekleidung für verschiedene Anlässe und Körperteile über Stylings für Make-up über Fingernägel, Tattoos bis zu Hüten, Schmuck, Taschen, Schuhen und 520 verschiedenen Klassen von Accessoires – natürlich dürfen Boards zu Urlaub, Lieblingsorten, Filmstars, Musikern, Männern, Frauen auch nicht fehlen. Manchmal sind es Körperteile, oft Tiere – Katzen, Hunde, Pferde, Vögel, Fische. Essen und Lebensmittel sollte man auch nicht vergessen. Männer sind mitunter etwas weniger variabel gestrickt und lassen auch mal den Nerd raushängen. Es wird fleißig zu Star Wars, Spiderman oder zu Gadgets gesammelt. Frauenbilder als Sammelobjekt und Board-Thema sind auch ausgesprochen beliebt. Dabei bleibt allerdings alles schön züchtig. Mit nackter Haut oder gar pornografischen Darstellungen kommt man nicht weit. Diese dürfen nicht platziert werden.

Der Fantasie sind also kaum Grenzen gesetzt und man muss auch nicht zu sehr überlegen, bevor man anfängt, Boards anzulegen und diese zu befüllen. Boards können frei sortiert werden. Wenn man also drei Boards a, b & c angelegt hat, kann man diese auch umsortieren und c, a & b daraus machen oder ein weiteres dazwischenschieben. Pins, die auf ein Board platziert wurden, können auf ein anderes Board umgehängt werden oder man kann diese schlicht repinnen. Alle Möglichkeiten stehen offen und man kann sich nach Belieben austoben.

1.1.3 Follow

Wenn du jemandem folgst, werden dessen Pins in deinem Feed angezeigt. Du kannst allen Boards eines Nutzers folgen oder einzelnen Boards, die du besonders magst. Um das zu organisieren, kannst du auf einem Account »Allen folgen« anklicken oder bei einem Board auf »Folgen« klicken.

Durch das Folgen kommt man sehr leicht an neue, für einen selbst spannende Bilder, die man repinnen kann. Wenn Sie Pinterest durchsuchen, finden Sie vielleicht Nutzer, deren Pins Sie grundsätzlich toll finden oder die das eine oder andere Board haben, das Ihnen. Durch das Folgen haben Sie die wichtigste Quelle für Pins. Schön ist dabei, dass die Menschen, denen man folgt, oft nicht die gleichen Quellen nutzen, man sich so Arbeit teilt und man auch auf Ideen kommt, die ohne das Folgen nie zustande gekommen wären. Das ist der erste Zweck des Folgens. So erfahren Sie beispielsweise einiges über die Vorlieben von Menschen hinsichtlich Essen und Trinken. Es gibt wirklich viele Nutzer, die tolle Kuchenrezepte oder Anregungen zum Umgang mit Fisch pinnen.

Freilich gibt es noch einen weiteren Zweck des Folgens: Wer einem Board oder Account folgt, wird dem Inhaber des Accounts auch angezeigt. Durch diesen Vorgang wird er im Falle von Repins mit Ihrem Account konfrontiert und kann seinerseits zurückfolgen: Es ist eine Möglichkeit, seine Nutzerschaft aufzubauen.

1.1.4 Entfolgen

Wenn du jemanden entfolgst, werden dessen Boards und Pins nicht mehr in deinem Feed angezeigt. Du kannst jemanden vollständig entfolgen, indem du »Alle entfolgen« anklickst oder »Nicht mehr folgen«, wenn du einem einzelnen Board nicht mehr folgen möchtest, wenn es dich nicht mehr interessiert. Niemand wird darüber informiert, wenn du ihn entfolgst.

Das Entfolgen ist eine überaus wichtige Funktion. Als die Möglichkeit zur gemeinsamen Bearbeitung von Boards eingeführt wurde – sogenannte Gruppen-Boards –, kam es zu Auswüchsen, die wenig Spaß machten. Man konnte Sätze wie »ich sehe nur noch Lachs, Lachs und wieder Lachs« oder »Säulen, nur noch Säulen« lesen. Mittlerweile ist das einfach gelöst. Wenn Sie von einem Nutzer oder Board in Ihrem Feed genervt sind, reicht es aus, wenn Sie auf ENTFOLGEN klicken und die Sache ist weitgehend erledigt. Wenn es noch tragischer wird – Spam, Pornografie, Gewaltdarstellungen, Aufforderung zur Selbstschädigung etc. –, gibt es noch eine entsprechende Meldefunktion, die an anderer Stelle erläutert wird.

1.1.5 Pin It Bookmarklet

Das Pin It Bookmarklet erlaubt es dir, einfach Dinge zu pinnen, die du auf Websites oder Blogs siehst. Um das Bookmarklet zu bekommen und mehr darüber zu erfahren, schaue auf unsere Goodies Page.

Das Bookmarklet ist in der Tat ein Muss, wenn Sie Spaß mit Pinterest haben wollen. Es wird einfach installiert, indem Sie es auf Ihre Lesezeichenleiste ziehen. Sie werden schon bei der Registrierung dazu aufgefordert. Wenn Sie es verpasst haben oder Sie es bei einem anderen Browser einbinden möchten, gehen Sie bitte auf die Goodies-Seite. Das Bookmarklet funktioniert auch auf allen Browsern, die ich getestet habe. Wenn Sie keine ganz außergewöhnliche Software benutzen, sollten Sie so viel Spaß haben.

Wenn Sie auf einer Seite sind, auf der sich ein Bild befindet, das Sie pinnen möchten, müssen Sie einfach nur das Bookmarklet anklicken und Ihnen werden die zu pinnenden Bilder der Seite angezeigt. Sie klicken das gewünschte Bild an, wählen danach das Board aus und schreiben noch einen kleinen Text dazu – fertig.

1.1.6 Feed

Dein Feed ist die Sammlung von Pins der Pinner und Boards, denen du folgst. Der Feed wird jedes Mal aktualisiert, wenn jemand, dem du folgst, einen neuen Pin hinzufügt.

Der Feed bringt die Neuigkeiten zu Ihnen – die neuen Pins der Nutzer und Boards, denen Sie folgen. Das ist immer wieder überraschend neu – manchmal auch langweilig, wenn jemand zu viele Bilder zum gleichen Thema in kurzer Zeit pinnt. Aber so ist das Leben nun mal – man kann nicht immer alles haben. Der nicht mehr endende Strom von Bildern inspiriert und macht wirklich Spaß. Genießen Sie es und suchen Sie sich die richtigen Nutzer und Boards, denen Sie folgen. So bleibt der Feed ein immer sprudelnder Quell für Ihre neuen Pins.

1.2 Pinterest ist neu und entwickelt sich

Bei Pinterest haben wir es mit einer noch recht neuen Plattform zu tun, die sich noch entwickelt und bei der die Betreiber auch noch sehen müssen, wie sie Einnahmen generieren können. Das hat zur Folge, das sehr häufig Umbauarbeiten an der Plattform stattfinden. Zudem haben die Entwickler eine starke Vorliebe für Apple-Computer. Das hat zur Folge, dass wir uns an einige Dinge im Umgang gewöhnen müssen.

1.2.1 Samstag & Sonntag sind Umbautage

Wenn man lange in der Internet-Branche arbeitet, weiß man, dass das Netz am Wochenende viel weniger genutzt wird als an Wochentagen. Das ist der Grund dafür, dass man größere Umbauten an der Website am liebsten am Wochenende produktiv schaltet. Meistens geht das nicht auf Knopfdruck – es dauert einige Stunden, bis die Website wieder völlig reibungslos funktioniert. Machen Sie sich also keine Sorgen, wenn am Wochenende manchmal etwas nicht funktioniert oder schräg aussieht – warten Sie einfach ab. Es wird bald wieder funktionieren und Sie werden darüber hinaus noch einige Neuigkeiten finden.

1.2.2 Der beste Browser

Wie beschrieben, bei Pinterest liebt man Apple-Computer. Das hat leider zur Folge, dass die Entwickler manchmal zu wenig auf Windows-Betriebssystemen testen. So ergeben sich in einigen Menüs große typografische Mängel bei der Verwendung des Webbrowsers Chrome auf Windows. Auf meinem Powerbook (Apple) sieht dagegen alles ganz wunderhübsch und lesbar aus. Diese Sache wird sich sicher noch lösen.

> **Hinweis**
>
> Als Browser sollten Sie für Pinterest Chrome oder Firefox verwenden – andere Browser funktionieren nicht (richtig).
>
> Das ist etwas schade, ist jedoch ein wenig davon abhängig, wie die für die Funktionalität von Pinterest notwenigen Techniken unterstützt werden.

Start-Feed	Feiertage & Veranstaltungen	Illustrationen & Poster
Beliebt	Film, Musik und Bücher	Kinder
Alles	Fotografie	Kunst
Geschenke	Garten	Outdoor
Videos	Geek	Produkte
Architektur	Geschichte	Reisen
Autos und Motorräder	Gesundheit & Fitness	Sport
Bekannte Persönlichkeiten	Haare & Beauty	Technologie
Bildung	Heim- und Handwerk	Tiere
Damenmode	Herrenmode	Tätowierungen
Dekoration	Hochzeiten	Wissenschaft & Natur
Design	Humor	Zitate
Essen & Trinken		

Abb. 1.2: *Typografische Mängel bei Verwendung von Chrome auf Windows*

1.3 Pinterest im Kontext der sozialen Netzwerke

Pinterest existiert nicht frei im Raum des Netzes. Das wird schon daran deutlich, dass jeder Pin per Link mit einer Zielseite verbunden ist. Genau diese Tatsache kann für Sie persönlich, aber auch für Unternehmen spannend sein, weil es das Internet stärker vernetzt und so zusätzliche Umsätze generiert werden können.

Dass Pinterest nicht alleine existiert, wird aber auch schon bei der Registrierung deutlich: Die Anmeldung kann auch mithilfe eines Facebook- oder Twitter-Accounts erfolgen. Pinterest ist eine – von vielen – Plattformen im sozialen Raum des Internets. Es ist eine der unterhaltsamsten und noch dazu ist sie so aufgebaut, dass Sie von den Menschen, denen Sie folgen werden, bisher keine kennen müssen. Schauen wir zunächst auf die Unterschiede zu wichtigen anderen Netzwerken – an erster Stelle Facebook, dann Twitter, dann einige weitere.

1.3.1 Facebook

Facebook und Pinterest haben eine wichtige Gemeinsamkeit: den Feed. Das war es dann fast auch schon. Bei Facebook laufen Meldungen nacheinander durch den Feed, bei Pinterest Bilder. Eigenartigerweise wurden Bilder seit der Einführung von Pinterest auch bei Facebook viel wichtiger. Nach und nach wurden diese größer dargestellt, man räumte ihnen mehr Raum ein. Besonders Unternehmen wurden motiviert, immer mehr Bilder zu posten. Es mag sein, dass Facebook hier dem allgemeinen Trend zur verstärkten Visualisierung des Internets folgt.

Dabei wurde Facebook gar nicht dazu konstruiert, grundsätzlich einfach allen folgen zu können. Personen kann man nur dann folgen, wenn man diese kennt und sie einen bestätigen. Erst dann können diese die Mitteilungen des eigenen Accounts sehen (wenn nicht doch öffentlich gepostet wurde). Bei Pinterest ist das grundsätzlich anders. Man kann sich gegen das »Verfolgtwerden« nicht primär wehren – es ist kein grundsätzlich aufgestelltes Ziel der Plattform. Die meisten Pins sind sofort öffentlich – ganz anders als die Meldungen bei Facebook. Nur wenn es unbedingt sein muss, kann man einen Follower blockieren. Inwieweit das in welchem Fall sinnvoll ist, werde ich an einer anderen Stelle noch ausführlicher erörtern.

Bei Facebook gibt es diese Art des Folgens »nur« für Pages. Insofern ist dies eine Gemeinsamkeit zwischen beiden Plattformen. Für Unternehmen gibt es das Ziel, Follower zu gewinnen – echte Follower, keine gekauften. Bei Pinterest freuen sich die Nutzer normalerweise über Follower und über die Weiterverbreitung ihrer Pins. An dieser Stelle ist Facebook viel privater, auch wenn die Datenschutzbeauftragten des Bundes und der Länder das vielleicht anders sehen.

Wichtig erscheint mir noch die Tatsache, dass es nicht ohne Weiteres möglich ist, Bilder von Facebook zu pinnen, Pinterest jedoch nicht nur den Facebook Social Login erlaubt und es forciert, gepinntes Material auch auf Facebook zu verbreiten. Es gibt also den Weg von Pinterest zu Facebook, jedoch nicht den Weg in die andere Richtung.

1.3.2 Twitter

Twitter und Pinterest liegen prinzipiell viel dichter zusammen als Pinterest und Facebook – besonders dann, wenn man die Bilder nicht so sehr ins Zentrum der Betrachtung stellt. Auf beiden Plattformen kann man Accounts folgen. Es geht weniger um die Beziehung untereinander, die auch auf Facebook eine große Rolle spielt, sondern vielmehr um die Verbreitung von Mitteilungen und das Verfolgen von Kommunikatoren und Themen. Genau das findet bei Pinterest auch statt: Es werden Kommunikatoren – die Pinner und Themen –, die Boards oder Tags verfolgt. Sie können Ihre Pins auf Facebook posten und Twitter ist für mich die wichtigste Quelle, um an neue Infografiken, meine liebsten Pin-Objekte, zu kommen.

Inhalte auf Twitter und auf Pinterest sind in vielen Fällen mit Links versehen. Wenn sich auf Twitter Diskussionen ergeben, ist diesen häufig der Versand eines Links auf einen externen Inhalt vorausgegangen. Ganz ähnlich ist es bei Pinterest: Die meisten Pins haben einen Link und es gibt in Relation ganz wenige Kommentare oder Diskussionen zu den Bildern.

1.3.3 Der Bilder-Trend

Als es darum ging, ob ich nun dieses Pinterest-Buch schreibe, haben der Verlag und ich darüber diskutiert, was Pinterest eigentlich ist und wie es im Sozialen Web einzuordnen sei. Klar – es ist eine visuelle Form des Social Bookmarkings und insofern mit Diensten wie Delicious (ehemals del.icio.us), StumbleUpon oder Mister Wong verwandt. Auch dabei werden Links auf Objekte sortiert und öffentlich zusammengestellt. Das passt aus dieser Sicht schon.

Allerdings bewerte ich den visuellen Aspekt von Pinterest als sehr viel höher als die schnöde Zusammenstellung von Links. Die Bilder auf Pinterest bereiten Vergnügen und es gibt Dienste wie Flipboard, die auch sehr visuell gestrickt sind. Das hatte dann wohl zur Folge, dass StumbleUpon seine Darstellung auf eine ganz ähnliche Kacheldarstellung wie Pinterest oder Flipboard wechselte.

Wodurch wurde dieser Bildertrend ausgelöst? – Ein treibendes Element sind sicher die Smartphones. Ohne diese hätte es Instagram und Flipboard nicht gegeben. Vielleicht hätte sich Tumblr nie so stark verbreitet.

Instagram

Instagram hat als App für das iPhone begonnen – sozusagen also die spottbillige Version des digitalen Polaroid. Man kann mit der App mit dem Smartphone aufgenommene Fotos oder vorhandene Bilder in einem quadratischen Format durch vorhandene Filter bearbeiten und verbreiten. Inzwischen gibt es Instagram auch für Android und das Unternehmen wurde von Facebook übernommen.

In seiner sozialen Struktur sind sich Pinterest und Instagram sehr ähnlich. Man kann auf seinen Account zwar seine Facebook-Freunde einladen. Accounts sind in der Regel öffentlich – auch wenn man diese privat halten kann. Es gibt das Prinzip des Folgens, und Follower zu bekommen, wird von den Nutzern als Gratifikation empfunden. Ein wichtiger Unterschied besteht darin, dass Instagram vorwiegend auf mobilen Endgeräten genutzt wird und die verbreiteten Fotos auf der Plattform selbst in der Regel primäres Material der Account-Inhaber sind. Follower können »liken« und »kommentieren«, die Weiterverbreitung und das Teilen funktioniert nur für eigene Fotos.

Tumblr

Tumblr ist eine Blog-Plattform, auf der man sehr einfach ein Blog einrichten kann – mit erheblich geringerem Aufwand als beispielsweise bei Word-Press. Zudem ist die im Frühjahr 2013 von Yahoo! gekaufte Plattform sehr viel stärker auf Vernetzung angelegt als andere Blog-Applikationen. Prinzipiell ist es sogar so, dass der erste Schritt auf Tumblr im Folgen von Blogs und im Reblogging besteht – also prinzipiell ähnlich wie bei Pinterest: Die Nutzer folgen Accounts, finden etwas toll, können es »liken«, »kommentieren«, in ihr eigenes Blog packen oder auf einer anderen Plattform teilen. So stammen viele der Bilder, die man auf Pinterest sieht, von Tumblr.

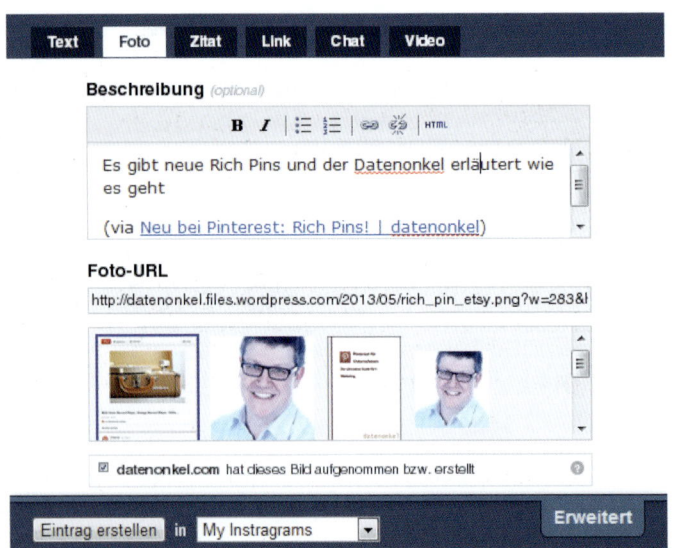

Abb. 1.3: *Das Marklet bei Tumblr*

Dabei arbeitet Tumblr mit einem Marklet, das etwas komplexer ist als bei Pinterest. Man kann durch einen Klick das Marklet-Fenster öffnen und etwa wie bei Facebook oder Google+ Texte, Bilder, Zitate, Links und je nach Plattform bzw. Seite auch Chats oder Videos in sein Blog posten. Damit ist Tumblr – anders als viele Kopien – wohl Pinterests ärgster Konkurrent. Ein Großteil der Postings enthält Bilder.

Flickr

Flickr ist eine Foto-Plattform, die sehr stark von mehr oder weniger professionellen Fotografen genutzt wird. Die Plattform wurde von Yahoo! übernommen und dümpelte einige Jahre vor sich hin. Es fand sogar eine gewisse Abwanderungsbewegung zu Google+ statt. Etwa gleichzeitig mit der Übernahme von Tumblr durch Yahoo! bekam Flickr ein grundsätzliches Neudesign verpasst – ein sehr modernes Layout, bei dem die Bilder nahezu die gesamte Browser-Fläche einnehmen. Sie können das in Abbildung 1.4 sehen. Pinterest nutzt die Plattform, um Pressefotos qualitativ hochwertig zur Verfügung zu stellen.

Abb. 1.4: *Pinterest auf Flickr*

Man kann Accounts folgen und bekommt einen Feed angezeigt. Dieser ist allerdings viel weniger gefüllt als bei Pinterest oder Tumblr. Ich persönlich nutze Flickr gerne, um nach Bildern zu suchen und diese vielleicht auch bei Pinterest oder anderswo zu teilen. Aus dieser Sicht sollte auch verständlich sein, warum Yahoo! Tumblr gekauft hat. Diese Plattform kann als Verbreitungsinstanz für die Bilder von Flickr dienen.

1.4 Der geschäftliche Nutzen

Letztlich geht es Unternehmen bei ihren Aktivitäten auf Sozialen Plattformen um ihre ökonomischen Interessen. Es geht ihnen darum, Kunden zu binden, ihr Image zu verbessern, darum, bekannter zu werden etc. Wenn Unternehmen auch noch online verkaufen, ist ein Ziel vieler verschiedener Online-Marketing-Aktivitäten, Kunden zu ihrer Website zu leiten. In Abbildung 1.5 wird das gezeigt. Dabei muss man das Soziale Web geradezu als Einheit betrachten, da die Nutzungsübergänge fließend sind. Pins werden auch per Tweet oder auf Facebook geteilt. Pins kommen von Google+, Tumblr oder Slideshare. Es ist ein wahres Durcheinander. Allerdings scheint es so zu sein, dass die Nutzer von Pinterest mehr kaufen als die Nutzer anderer Plattformen. Darum wird es im nächsten Kapitel noch intensiver gehen.

1 Was ist Pinterest?

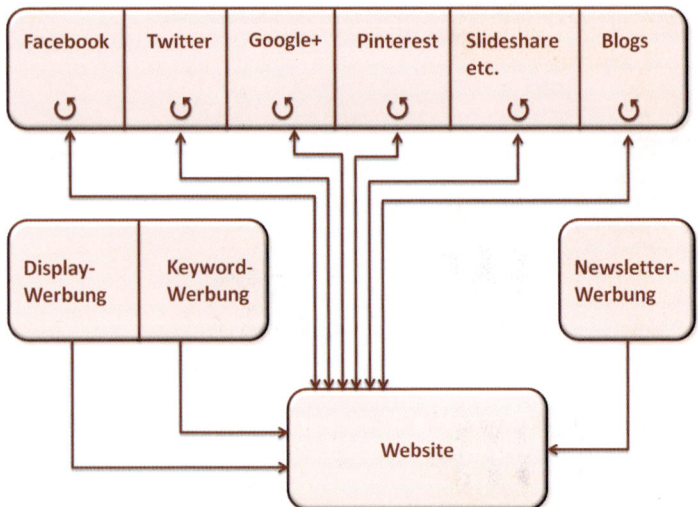

Abb. 1.5: *Die Social-Media-Umwelt*

Kapitel 2
Warum Pinterest?

2.1 Private Motive 30
2.2 Motive von Spezialisten und ganz normalen Nutzern 32
2.3 Wichtig für Unternehmen 36
2.4 Für welche Unternehmen ist Pinterest ein geeigneter Kanal? .. 41

Wenn es ein neues soziales Netzwerk gibt – eine neue Plattform oder Applikation, dann schaue ich zunächst, ob ich privat etwas damit anfangen kann, ob ich verstehe, worum es geht. Mein privates Interesse ist einfach am stärksten. Erst dann prüfe ich, ob das Ding, das ich gerade anschaue, auch für Unternehmen für den einen oder anderen Zweck nutzbar ist. So war das auch bei Pinterest. Als mir ein Freund 2011 eine Einladung dafür zukommen ließ, fand ich es gleich toll. Eine virtuelle Pinnwand in dieser Form war mir bisher noch nicht untergekommen. Erst nach ein paar Wochen und vielen Meldungen aus den USA wurde mir so langsam klar, dass es tatsächlich ein ganz großes Ding werden könnte. Aber was verursacht dieses Gefallen bei Pinterest eigentlich?

2.1 Private Motive

Genau – es sind die privaten Motive, die einen dazu bringen, etwas im Internet zu nutzen. Es geht um »gefallen«. Der Königsberger Philosoph Immanuel Kant hat dazu einiges geschrieben. Aber so hoch muss man nicht ansetzen. Es geht um Bilder: Würden Sie sich in Ihrer Wohnung Bilder aufhängen, die Ihnen nicht gefallen? – Wahrscheinlich nur ungern und mit leichtem Zwang, wenn es sich um Geschenke handelt. Diesen sozialen Zwang gibt es bei Pinterest nicht.

2.1.1 Sammeln von Schönem, Lustigem und Spannendem

Was hängen Sie an eine Pinnwand? Schöne, nette Sachen, an die Sie gerne erinnert werden? Sachen, an die Sie denken möchten, die Sie nicht vergessen möchten. Bei Pinterest geht das mit Bildern. Wenn es denn mal ein Text sein soll – ein schöner Spruch –, dann kann man rasch ein Bild daraus machen. Mit Pinterest wurden dafür einige Applikationen entwickelt – eben auch für meine Lieblingsobjekte, die Infografiken. Auch die müssen nicht nur informativ sein – mir müssen die Dinger gefallen, damit ich sie pinne.

2.1.2 Pinterest ist positiv und nett

Wenn Sie in Pinterest im oberen Bereich auf EVERYTHING klicken und mit dem Scrollen beginnen, sehen Sie Bilder – viele Bilder und wenig Text.

Kommentare gibt es relativ selten – und wenn, dann handelt es sich meistens um zustimmende Aussagen wie »Das will ich auch haben!«, »Süß« etc.
==Gepinnt werden eben Bilder, die gefallen, und repinnt und geliked werden eben auch nur Bilder, die gefallen.==

Negativdiskussionen oder gar Shitstorms sind auf Pinterest – zumindest bisher – noch nicht bekannt. Sicher mag das auch durch diese Struktur & Kultur des Mögens bedingt sein. Es gibt keine Diskussionen, wie man diese auf Facebook oder Twitter kennt. Diese sind auch nur bedingt möglich.

Boards, auf die Nutzer pinnen, werden im Rahmen von Spielen genutzt. Negative Aspekte hierbei sind höchstens im Rahmen von Spam aufgefallen: Es werden Inhalte platziert, die an den vorgesehenen Stellen nicht ihren Platz finden sollten.

Ein kleiner Test: Ich habe einfach mal »süß« in die Suche eingegeben, dann »kawai« (das japanische »cute«), habe es dann in Hiragana eingegeben »かわいい«. Dann durfte ich feststellen, dass Japanerinnen darunter doch etwas anderes verstehen als Leute, die es in unserem Alphabet eingeben. Auf jeden Fall gab es immer enorm viele hübsche Ergebnisse. Die Gegenprobe mit Schimpfworten hatte erfreulicherweise kaum Ergebnisse zur Folge. Geschimpft und beschwert wird sich kaum auf Pinterest.

2.1.3 Pinterest ist einfach

Wenn man twittern soll, muss man das richtig lernen. Einige Erfahrung in SMS hilft – ob man dann richtig Spaß hat, ist die andere Frage. Man kommuniziert etwas über sich selbst nach außen und muss zunächst Wörter dafür finden. Das ist nicht einfach – es müssen sehr wenige Wörter sein. Je weniger, umso schwieriger wird es. Die Frage, wie man Bilder zugänglich macht, erschließt sich auch nicht ohne Weiteres. Sicher, es gibt die sogenannten Computeraffinen, die das können. Insgesamt ist es recht schwierig, den Überblick zu behalten, und man benötigt eine Reihe von zusätzlichen Werkzeugen, damit Twitter wirklich Spaß macht.

Bei Pinterest ist das ganz anders. Man hat seinen Browser, verfolgt einige Leute, repinnt, legt Pinnwände an – fertig. Man hat Spaß ohne Firlefanz. Das ist schön. Zudem ist es viel angenehmer, nette Bilder anzuschauen, als sich mit komplexeren anderen Anwendungen abzugeben. Ja – und eines sollte man ganz gewiss nicht vergessen: Pinterest ist weitgehend intuitiv.

2.2 Motive von Spezialisten und ganz normalen Nutzern

Auf Pinterest gibt es eine Gruppe, in der es um Pinterest geht – es ist in der Tat die deutsche Pinterest-Gruppe, die von Christine Pfeil gegründet wurde und von ihr und einigen weiteren Leuten moderiert wird. Man kann davon ausgehen, dass die Teilnehmer schon sehr an Pinterest interessiert sind. Deshalb habe ich zwei davon befragt: Marion Bessler und Rolf Sprenger. Das soll ein wenig dabei helfen, zu verstehen, wie man Pinterest einsetzen kann. Zusätzlich habe ich noch zwei Nutzerinnen befragt, die Pinterest als ihr ganz privates Vergnügen ansehen und keinerlei geschäftliche Absicht damit verbinden: Verena Bock und Sandra Borek.

Marion Bessler

Sie ist 34 Jahre alt und Company Manager bei POWERVOICE, Certified Vocalcoach und Rock-/Pop Sängerin. Sie Pinterest privat und auch geschäftlich.

Was gefällt dir an Pinterest?

Mir gefällt an Pinterest dass ich ganz gezielt das jeweilige Thema in ein Board posten kann, entweder in ein Gruppen-Board von einem anderen User angelegt, oder in mein eigenes! Und ich liebe es Bilder aus der ganzen Welt zu sehen - Bis zum Horizont und immer weiter …

Was bringt Dir Pinterest geschäftlich?

Geschäftlich hat es mit schon viele Kontakte gebracht, da ich Bilder von Sängern oder unseren Angeboten direkt auf meine Website oder Blog verlinke und somit Traffic generieren kann - und auch der ein oder andere schon von unseren Angebote genutzt hat!

Wieviel Zeit verbringst du mit Pinterest?

Ich investiere etwa 10. Min täglich in Pinterest

Motive von Spezialisten und ganz normalen Nutzern   2.2

Für was bist du in Eurem Unternehmen zuständig?
Mein Aufgabengebiet umfasst die Koordination von Terminen, in Form von Workshops, Unterricht, Ausbildungen, aber auch Studioaufnahmen, Produktionen und Videocilps, sowie Imagevideos.

Rolf Sprenger

Er ist als freier Handelsvertreter für verschiedene Handwerksfirmen tätig. Er berät Kunden in den Bereichen Innenraumgestaltung (Bäder, Küchen, Heizkamine) Außerdem gestaltet und plant er für Gewerbeobjekte und Messebaufirmen die Innen- und Außengestaltung.
(Kontakt: *sprenger.rolf@gmail.com*)

Benutzt du Pinterest geschäftlich oder privat oder beides?
Bis jetzt nur privat. Ich möchte dies jetzt aber auch für geschäftliche Zwecke nutzen – es fehlt nur noch die richtige Strategie. Dabei bin ich überzeugt davon, dass man mit Pinterest mehr Erfolg haben kann, als mit jeder anderen Plattform.

Was gefällt dir besonders gut an Pinterest? Warum benutzt Du es?
Die Einfachheit. Ein Bild sagt mehr als 1000 Worte. Was gefällt wird gepinnt. Man(n) findet schnell Gleichgesinnte und kann so weitere Ideen für sein Interessengebiet entdecken. So habe ich auch sehr interessante Webseiten entdeckt, die ich mit der Google Suche niemals gefunden hätte. Für mich ist entscheidend, dass ich anders als auf Facebook keine Zeit mit Diskussionen, Werbung, Spieleanfragen... vergeuden muss.

Was bringt es geschäftlich?
Da ich erst am Anfang stehe wird sich das zeigen müssen. Allerdings bin ich der Meinung, dass man zuerst eine gewisse Anzahl an Followern aufbauen sollte, bevor man sich mit seiner eigenen Marke in Position bringen will.

Wieviel Zeit investierst du in Pinterest?
Ca. 1 Stunde/Tag, Samstag/Sonntag können es auch mal 2 Stunden sein.

Verena Bock

Verenas Motto: »The essence of the creative act is to see the familiar as strange.«

Was gefällt dir besonders gut an Pinterest? Warum benutzt Du es?

Pinterest ist einfach, intuitiv und aufgeräumt. Anders als bei Facebook, Google+ und Co. sind Funktionen und Textinformationen hier auf ein gutes Maß reduziert. Kein Chat, keine Textnachrichten. Visualität steht im Vordergrund. Hier kann ich Bilder sammeln und teilen, die mir gefallen und mich inspirieren. Zudem ist die Verknüpfung mit fremden Menschen im Vergleich zu anderen Social-Communities leichter. Ich folge nicht nur Freunden, sondern vor allem denen, deren Boards mir gefallen.

Für welche Themen interessierst du dich besonders auf Pinterest?

Ob Mode, Essen, Einrichtung oder Landschaftsbilder – es macht einfach Spaß, von einem originellen Board zum nächsten zu klicken. Ich schaue mir die unterschiedlichsten Kategorien an, ohne auf bestimmte Themen festgelegt zu sein. Fast täglich kommen neue Pinnwände zu anderen Themen dazu, mit denen ich mich vorher vielleicht noch nie oder nur am Rande befasst habe.

Hast du besondere Sachen bei Pinterest entdeckt? Welche?

Bei Pinterest finde ich Anregungen und Anleitungen, wie ich Dinge selber machen kann. Sei es Strickideen, bunte Torten oder alte Küchenstühle aufmotzen – für den Bereich »Do-It-Yourself« ist Pinterest eine wahre Fundgrube. Außerdem habe ich dort mein Faible für Infographiken entdeckt. Zu einer Vielzahl komplexer Themen – insbesondere zu Online-Themen – finden sich dort kreative, spannenden und sehenswerte Infografiken.

Welche Dinge gefallen dir weniger an Pinterest? Nervt dich manchmal etwas?

Derzeit, noch keine.

Motive von Spezialisten und ganz normalen Nutzern 2.2

Wieviel Zeit investierst du in Pinterest?

Pinterest besuche ich täglich mehrmals. Im Hintergrund ist es meistens geöffnet und ich klicke zwischenzeitlich immer wieder mal durch – auch zum entspannen. Wie lange insgesamt, ist schwer zu beziffern. Geschätzt würde ich sagen etwa 1 Stunde täglich. Mal mehr, mal weniger.

Sandra Borek

Sandra sagt über sich: »Ein Tag ohne ein Lächeln ist ein vergeudeter Tag. Ich bin ein fröhlicher Mensch, der andere mit meinem Lachen anstecken kann. Ich liebe es zu malen, neues zu entdecken und Zeit mit den Menschen zu verbringen, die mir nahestehen.«

Was gefällt dir besonders gut an Pinterest? Warum benutzt Du es?

Mir gefällt vor allem die Themenvielfalt. Egal zu welchem Thema man was sucht man findet immer etwas. Pinterest ist gut strukturiert und man kann es intuitiv benutzen. Ich nutze Pinterest oft um mich zu inspirieren. Man findet immer etwas Neues, egal, ob ich zu einem bestimmten Thema etwas suche oder ob ich mir einfach die Zeit vertreiben möchte.

Für welche Themen interessierst du dich besonders auf Pinterest?

Ich interessiere mich für eine Vielzahl von Themen. Dabei schaue ich mir je nach Lust und Laune die unterschiedlichsten Kategorien an. Das sind Themen von Gesundheit & Fitness bis zu Haare & Beauty.

Hast du besondere Sachen bei Pinterest entdeckt? Welche?

Ich glaube die »Do it yourself« Sachen habe ich bei Pinterest für mich entdeckt. Es gibt so viele einfache Ideen die man selber umsetzen kann, wie ein Haarband selber nähen, Frisuren mit »step by step«-Anleitungen oder Tipps und Tricks, wie man seine Möbel wieder auf Vordermann bringt.

Welche Dinge gefallen dir weniger an Pinterest? Nervt dich manchmal etwas?

Bis jetzt habe ich noch nichts gefunden, was mir bei Pinterest nicht gefällt.

Wieviel Zeit investierst du in Pinterest?

Das ist schwer zu sagen, aber ich würde mal schätzen, dass es pro Tag vielleicht 20 bis 30 Minuten sind und am Wochenende wahrscheinlich noch etwas mehr.

2.3 Wichtig für Unternehmen

Für Unternehmen gibt es einige wenige Faktoren, die für die Beurteilung einer Plattform für Marketing-Zwecke ausgesprochen wichtig sind. Das wichtigste Kriterium ist die Reichweite. Denn nur wenn eine genügend große Nutzerschaft zu erwarten ist, lohnt sich der Aufbau einer entsprechenden Infrastruktur.

2.3.1 Gewaltiges Reichweitenwachstum

Pinterest ist die größte Erfolgsgeschichte eines Social Networks aus den USA in den vergangenen vier oder fünf Jahren. Seit dem Sommer 2011 hat sich die damals kaum wahrnehmbare Nutzerschaft auf monatlich knapp 35 Millionen Unique Visitors in den USA ausgeweitet. Dort werden noch immer etwa drei Viertel des Traffics generiert. Dabei ist der überwiegende Teil der Nutzer weiblich – etwa zwei Drittel.

In Abbildung 2.1 kann man sehr gut sehen, wie stark Pinterest bei den monatlichen Nutzern zugelegt hat. Nur Google+ hat auf ein ähnliches Niveau zugelegt, hat allerdings mit Google eine ganz andere Potenz im Rücken. Beide lagen im April 2013 bei etwa 35 Millionen Nutzern. Ein anderes Netzwerk, das auch auf Bildern basiert, hat während des Zeitraums ähnlich zugelegt: Instagram. Dabei ist die Sache auch wieder etwas anders gelagert. Instagram wurde zunächst als iOS-App gelauncht. Als im April 2012 die Android-App dazukam und die Bilder auch über das Web zugänglich wurden, hatte die Plattform bereits 30 Millionen registrierte Nutzer.[1] Dann ging es beständig, aber nicht zu steil bergauf, bis im Februar 2013 der Kauf durch Facebook stattfand und ein Satz von knapp zehn Millionen zusätzlichen monatlichen Unique Usern innerhalb von zwei Monaten entstand.

---

1. Unternehmensangaben aus *blog.instagram.com*

Wichtig für Unternehmen 2.3

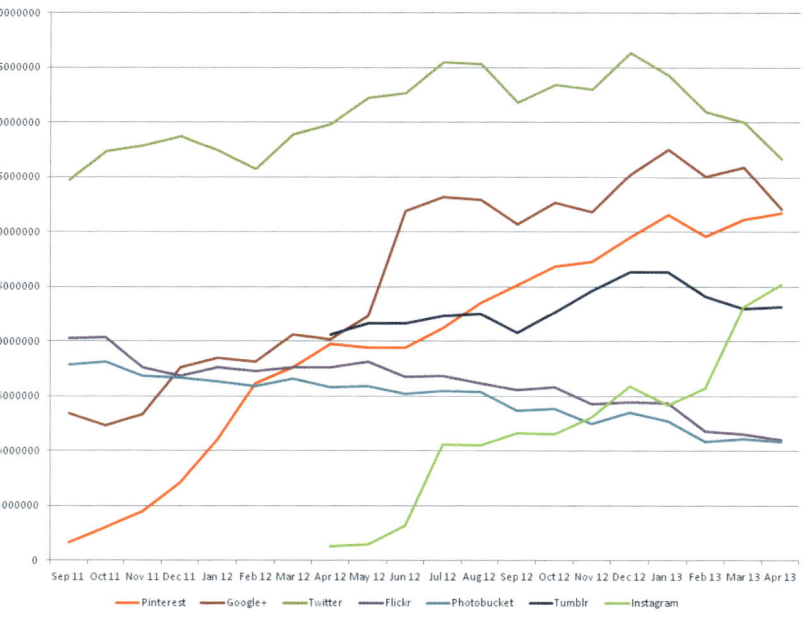

Abb. 2.1: *Reichweiten-Entwicklung Sozialer Netzwerke in den USA (ohne Facebook) [Quelle: compete.com]*

Es wird also klar, dass die neuen visuellen Plattformen zugelegt haben. Dagegen haben die beiden Fotoplattformen Flickr und Photobucket kräftig verloren. Bei Photobucket wird noch immer mit kleinen Bildchen gearbeitet, während Yahoo! den Rückgang durch eine komplett neue, ein wenig an Pinterest angelehnte Visualisierung umzukehren versucht. Der Kauf des nicht wirklich abhebenden Tumblr scheint hier in Kombination gute Voraussetzungen zu schaffen, dennoch ist das gewaltige Wachstum von Pinterest, das noch dazu ohne mächtige Unterstützung stattfand, beeindruckend. Auch für den deutschen Sprachraum darf eine ähnlich starke Entwicklung erwartet werden, wenn Pinterest seine Aktivitäten entsprechend intensiviert. Nach meiner Einschätzung wird der Zuwachs etwas verhaltener ausfallen als in den USA, da der Grad an Öffentlichkeit, mit dem Pinterest arbeitet, in Mitteleuropa nicht so üblich ist wie auf der anderen Seite des Atlantiks. Hier wird ein größerer Grad an Privatheit gewünscht.

Pinterest ist bisher vorwiegend im englischen und romanischen Sprachraum verbreitet. Aber auch in Deutschland ist die Nutzung von April 2012 bis April 2013 von 307.000 auf 864.000 Besucher um 181 Prozent gestiegen. Der Netzökomom Holger Schmidt hat auf FOCUS online freundlicherweise diese conScore-Zahlen veröffentlicht. Dieser Zuwachs war stärker als im gleichen Zeitraum in den USA. Man kann also davon ausgehen, dass Pinterest seinen Platz in Deutschland finden wird – zumindest, was die Reichweite betrifft.

2.3.2 Großer Anteil weiblicher Nutzer

Während in den USA der Anteil weiblicher Nutzer noch immer wesentlich höher ist, liegt dieser Anteil außerhalb des Ursprungslandes viel niedriger. Dies mag seine Ursache darin haben, dass »Männerthemen« wie »Autos & Motorräder« etc. anfangs nicht explizit adressiert wurden.

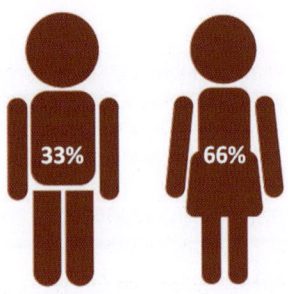

Abb. 2.2: *Geschlechteranteile*

Die Angaben der Studien zu den Geschlechteranteilen sind stark unterschiedlich. Ich habe für die USA auch von einem Frauenanteil von über 80 Prozent gelesen, oft von mehr als 70 Prozent. Wenn ich gefragt würde, wie hoch ich den zu erwartenden Frauenanteil in Deutschland einschätze, wäre meine Antwort zwei Drittel. Das hat einerseits mit dem hohen Anteil weiblicher Nutzer in den USA zu tun und andererseits mit den verbreiteten Themen.

2.3.3 Hohe Viralität & SEO

Einer der großen Vorteile von Pinterest ist die hohe Viralität. Eingestellte Pins verbreiten sich sehr viel stärker als auf anderen Plattformen kommunizierte.

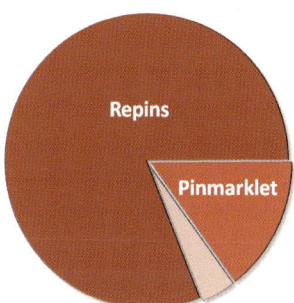

Abb. 2.3: Repins = Anteil Viralität

Über 80 Prozent aller Pins sind Repins – die Nutzer sammeln vorwiegend Pins anderer Nutzer auf ihren eigenen Boards. Zum Vergleich: Bei Twitter sind nur etwa 1,4 Prozent aller Tweets Re-Tweets (Quelle: Hubspot). Weniger als 20 Prozent aller Pins kommen von außen – werden also von anderen Websites gepinnt. Hierbei kommt weitgehend das sogenannte Pinmarklet zum Einsatz. Dabei können die Nutzer einen Text markieren, anschließend das Pinmarklet in ihrem Browser ausführen und dann auswählen, welches Bild (oder Video) der Seite sie pinnen möchten. Andere Verfahren, wie der manuelle Upload oder die Direkteingabe von Bildadressen, spielen kaum eine Rolle (Quelle: RJMetrics).

Das bedeutet: Durch Repins wird die Zahl der Links auf Ihre Website vergrößert. Es handelt sich also auch um Link-Building im Rahmen der SEO. Die ohnehin schon recht hohe Viralität auf Pinterest hat sich nach Auswertungen von Piqora vom vierten Quartal 2012 bis zum ersten Quartal 2013 beträchtlich erhöht. Während die durchschnittliche Repin-Rate 2012 bei 21 Prozent lag, war das Niveau im darauffolgenden Quartal 42 Prozent höher – nämlich bei 30 Prozent.[2] Ob hier Saisoneffekte eine Rolle spielen, kann ich nicht wirklich beurteilen. Es mag sein, dass die Accounts in Hoffnung auf Umsätze im Weihnachtsquartal mehr gepinnt haben als im Q I, dann wäre für Q IV ohnehin eine geringere Viralität anzunehmen. Beeindruckend sind die Werte allemal – auch wenn ich bei meinen Pins eine erheblich höhere Viralität aufweisen kann. Der Grad ist bei der Berechnung wirklich nur auf den einzelnen Pin bezogen und die Zahl der Follower der Accounts ging nicht in die Kalkulation ein. Das ist schade. Denn: Je mehr Follower ein Account hat, umso höher die Viralität der Pins

2.3.4 Hohe Referral-Rate

Ein durchschnittlicher Pinterest-Nutzer generiert etwa doppelt so viel Referral-Traffic wie ein durchschnittlicher Facebook-Nutzer. In absoluten Werten liegt Pinterest damit in den USA bereits vor Google+ und Twitter, sogar Bing und Yahoo! scheinen in greifbarer Nähe (Quelle: Shareaholic Referral Traffic Report, vgl. Abbildung 2.4).

Diese ohnehin schon recht hohe Referral-Rate wird noch durch eine andere Tatsache aufgewertet: Pins, die gesetzt werden, haben eine erheblich langfristigere Wirkung als Meldungen bei Facebook, auf die hohe Flüchtigkeit von Meldungen auf Twitter muss man an dieser Stelle eigentlich gar nicht hinweisen. Piqora hat Folgendes herausgefunden:

1. 40 Prozent der Referrals kommen am ersten Tag nach dem Setzen des Pins;
2. 30 weitere Prozentpunkte wurden am zweiten Tag erreicht. Also insgesamt 70% während der ersten beiden Tage;
3. die übrigen 30 Prozent Klicks finden in den darauffolgenden 30 Tagen und später statt.

Dieses Ergebnis mag auch mit der hohen Viralität innerhalb von Pinterest zusammenhängen und damit, dass Pins auch über die Suche gefunden und dann weiterverbreitet werden können.

---

2. Piqora bildete den Durchschnitt über die Pins von 200 Accounts, die mit dem Tool analysiert wurden.

February 2012 All Traffic Sources Report

Source	Share of Visits - January	Share of Visits - February
Google (Organic)	48.9%	48.81%
Direct	19.44%	18.20%
Facebook (Referral)	6.92%	6.38%
Yahoo (Organic)	1.60%	1.61%
StumbleUpon (Referral)	1.30%	1.29%
Pinterest (Referral)	.85%	1.05%
Bing (Organic)	1.24%	1.21%
Google (Referral)	.68%	0.91%
Twitter (Referral)	.88%	.82%

Presented by: **shareaholic**

Abb. 2.4: *Shareaholic Traffic Report*

> **Hinweis**
>
> Pins haben eine sehr viel höhere Halbwertzeit als Meldungen auf anderen Social-Media-Plattformen.

2.4 Für welche Unternehmen ist Pinterest ein geeigneter Kanal?

Grundsätzlich ist es bei Pinterest wie bei allen anderen Social-Media-Plattformen auch: Es muss überprüft werden, ob Pinterest im Rahmen der Social Media Strategie sinnvoll ist und ob aufgrund der kommunikativen Eigenschaften positive Effekte für das eigene Geschäft zu erwarten sind.

Während das vorhandene Themenspektrum, in das die Boards bei Pinterest eingruppiert werden konnten, anfangs sehr schmal war, gibt es mittlerweile auch »Männerthemen«. Entsprechend dieser Gruppen ist es den Nutzern möglich, neue Pins zu suchen und Pinterest zu durchstöbern (vgl. Abbildung 2.5).

2 Warum Pinterest?

Start-Feed	Feiertage & Veranstaltungen	Illustrationen & Poster
Beliebt	Film, Musik und Bücher	Kinder
Alles	Fotografie	Kunst
Geschenke	Garten	Outdoor
Videos	Geek	Produkte
Architektur	Geschichte	Reisen
Autos und Motorräder	Gesundheit & Fitness	Sport
Bekannte Persönlichkeiten	Haare & Beauty	Technologie
Bildung	Heim- und Handwerk	Tiere
Damenmode	Herrenmode	Tätowierungen
Dekoration	Hochzeiten	Wissenschaft & Natur
Design	Humor	Zitate
Essen & Trinken		

***Abb. 2.5:** Das Pinterest-Themenspektrum*

Wenn drei oder mehr der folgenden Kriterien auf Ihr Unternehmen oder zumindest Teile Ihrer angebotenen Leistungen zutreffen, dann sollten Sie mit Pinterest beginnen:

- Ihr Produkt/Ihre Marke lässt sich sauber in die Pinterest-Kategorien eingruppieren.
- Ihre Leistungen werden auf Ihrer Website mit qualitativ hochwertigen Bildern dargestellt.
- Sie haben weiteres hochwertiges Bild-/Videomaterial in größeren Mengen.
- Es gibt weiteres illustrierendes Material aus anderen Quellen, das Sie pinnen können.
- Sie haben Kunden im englischen Sprachraum.

Ich habe einige Branchen herausgesucht, die ich näher beleuchten möchte:

- Tourismus & Gastronomie
- Lebensmittel
- Bekleidung
- Möbel & Haushaltsgeräte/-gegenstände

- Kunst/Fotografie
- Design

In Abbildung 2.5 sehen Sie eine Übersicht von BrandAlgorithms. Dabei wurden die wichtigsten Kategorien entsprechend der Boards, die in die Pinterest-Kategorien gruppiert wurden, ausgezählt. Dabei hätte ich sicher auch noch Tätowierungen ergänzen können. Das ist ein Inhalt, der wirklich ausgesprochen gut läuft auf Pinterest. Die genannten Bereiche werde ich etwas ausführlicher behandeln. Ich habe mich dabei schon ein wenig an den Ergebnissen von BrandAlgorithms orientiert und zusätzlich versucht, die wirtschaftliche Relevanz zu berücksichtigen und die Ergebnisse auf Europa zu übertragen.

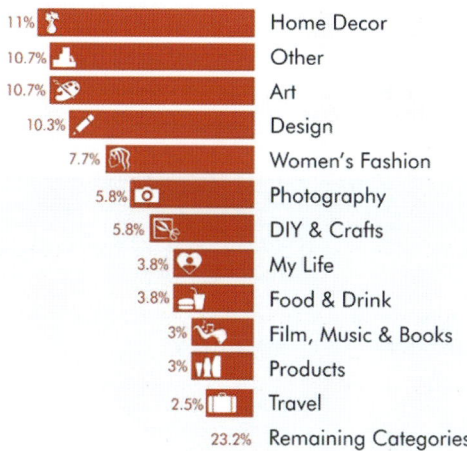

Abb. 2.6: *Erfolgreiche Produktklassen auf Pinterest (Quelle: BrandAlgorithms)*

2.4.1 Tourismus & Gastronomie

Wer mag keine Urlaubsbilder? Ich kenne keinen, der Urlaubsbilder nicht mag. Gleichzeitig ist es auch so, dass Menschen diesbezüglich nicht nur in die Vergangenheit schauen – sie haben auch Träume und beschäftigen sich mit ihren Lieblingszielen. Strände, Berge, Hot Spots – das sind die

2 Warum Pinterest?

Motive. Es sind die Bilder aus den Köpfen, die wir gerne auf den Bildschirmen visualisiert sehen.

Sicher – hier werden ganz private Bilder eingestellt, solche, die direkt eingestellt wurden, aber eben auch solche, die von Plattformen wie Flickr oder Tumblr gepinnt wurden. Besonders für Tourismusverbände ist es deshalb wichtig, genügend Bildmaterial in Pinterest zu pumpen. Für andere Bereiche würde man sagen, dass es sich um Gattungsmarketing handelt – dabei handelt es sich auch noch um einen Sonderfall: Hinter Landschaftsbildern wird von den Nutzern sicher keine Buchungsoption erwartet. Es ist mehr oder weniger Markenbildung, die damit auf Pinterest betrieben werden kann. In diese Feeds können durchaus Hotelbilder – Zimmer, Wellness-Bereiche, Restaurants – integriert werden.

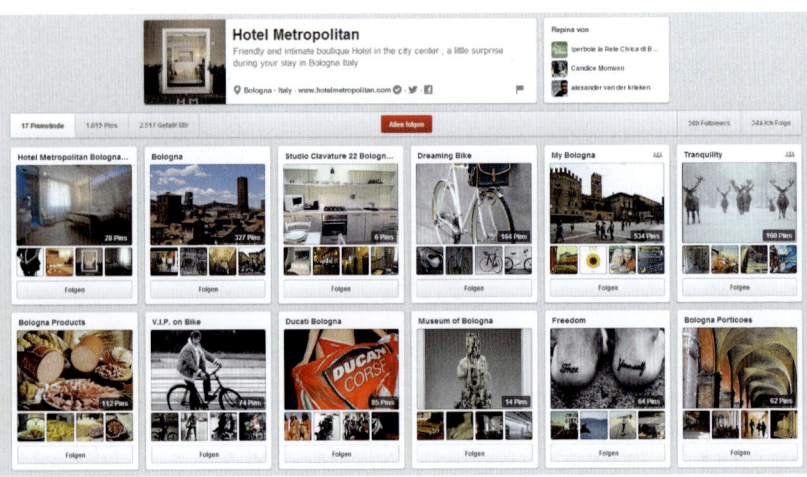

Abb. 2.7: Beispiel einer Hotel-Page

Damit das Bild abgerundet wird, sollte man auf einer Hotel-Page Bilder – zumindest aus einem Teil – der folgenden Kategorien unterbringen (vgl. Abbildung 2.7):

- Lokale Sehenswürdigkeiten (Gebäude und Umland)
- Museen
- Lokale kulturelle Ereignisse

Für welche Unternehmen ist Pinterest ein geeigneter Kanal? | 2.4

- Regionale Lebensmittel und Getränke
- Lokale Produkte (z.B. Messer, Uhren, Glas, Geschirr etc.)
- Sportclubs
- Sportliche Aktivitäten (z.B. Wanderungen, Ski, Tauchen, Radfahren, Extremsport etc.)
- Shopping-Möglichkeiten
- Lokale Persönlichkeiten (z.B. aus Kusel)
- Restaurants (mit Fotos vom Essen)

Ansätze zur Anlage von Pinnwänden gibt es also recht viele. Immer dann, wenn dies der Fall ist, kann man davon ausgehen, dass es Möglichkeiten für erfolgreiches Arbeiten gibt.

2.4.2 Lebensmittel

Auch Leckeres schaut man gerne an. Nicht umsonst gibt es seit vielen Jahren erfolgreiche Kochshows im Fernsehen, erfolgreiche Kochzeitschriften und Kochbuchreihen. Und wen wundert es? Die erfolgreichsten Kochbücher sind ausgesprochen hübsch und appetitlich bebildert. Zudem ist es so, dass Pinterest mit den Rich Pins schon automatisiert eine Basisintegration von Rezepten in die Pins ermöglicht (vgl. Abschnitt 6.1.3).

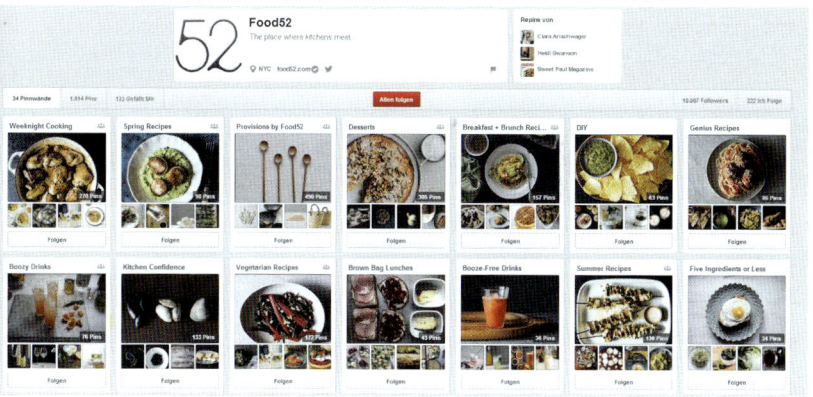

Abb. 2.8: *Das Food52-Kochblog*

So eignet sich Pinterest natürlich für Food-Blogger, wie die New Yorker Food52, die über ihr Blog und die Weiterleitung auf die richtigen Websites zur Beschaffung der notwenigen Lebensmittel und Kochutensilien Geld verdienen. Genauso ist Pinterest für Verlage attraktiv, die Kochbücher und -zeitschriften herausgeben. Ebenso können sich Restaurants und Party-Services präsentieren, aber auch Produzenten wie beispielsweise die »Bäuerliche Erzeugungsgemeinschaft Schwäbisch Hall«, der ich Pinterest ans Herz legen würde.

Hinsichtlich der Gliederung der Pinnwände gibt es verschiede Dimensionen, nach denen man vorgehen kann, die auch ein wenig von den jeweiligen Zielen abhängig sind:

- Jahreszeit
- Region/Land
- Anlass
- Menüfolge
- Getränketypen
- Fleischsorten
- Fischsorten
- Gemüse-, Obst- & Kräutersorten
- Küchenutensilien (Werkzeuge, Töpfe, Elektrogeräte, Geschirr etc.)
- Tischdekoration
- Menschen beim Essen
- Garten-, Feld- und Stallbilder

Die Möglichkeiten in diesem Bereich sind fast unerschöpflich und es sind häufig genug die Blogger, die hier als Mittler dienen, um mittels Pinterest und der zu den Pins gehörigen Artikel Traffic für die E-Commerce-Plattformen zu generieren oder im Rahmen des Gattungsmarketings für bestimmte Bereiche eingesetzt werden.

2.4.3 Bekleidung

Bekleidung ist eines der ganz großen Themen auf Pinterest, auch wenn es hinsichtlich der absoluten Zahl von Pins und Pinnwänden nicht auf dem allerersten Platz liegt und sich aufgrund der Nutzerschaft eher für Damen- und Kinder- als Herrenmode eignet.

2.4 Für welche Unternehmen ist Pinterest ein geeigneter Kanal?

Abb. 2.9: Nordstrom, der wirklich erfolgreiche Bekleidungshändler

Nordstrom ist ein wirklich erfolgreicher Bekleidungshändler auf Pinterest. Mit etwa 4,5 Millionen Followern hat er noch ein Drittel mehr Fans als etsy, das ich in diesem Buch oft als Beispiel nenne. Eine weitere Besonderheit werden Sie bei Nordstrom finden, wenn Sie die Boards aufrufen. Die Bilder sind abwechslungsreich, locker – von den für den Bekleidungsbereich typischen Umfärbungen keine Spur.[3] Die Reihenfolge der Pins wird durchbrochen von komplementären / ergänzenden Produkten – so wirkt alles magazinartig und leicht.

Die Sortierung der Produkte in Boards kann nach folgenden Kategorien erfolgen, aber natürlich immer wieder von neuen Ideen durchbrochen werden:

- Anlass (Büro, Strand, Sport, Hochzeit etc.)
- Saison (Frühjahr, Sommer, Weihnachten, Urlaub, Fasching etc.)
- Material (Wolle, Baumwolle, Seide, Hardshell, Softshell etc.)
- Bekleidungsklasse (Jacken, Hosen, Hemden, Blusen, Unterwäsche, Accessoires etc.)

---

3. Textilunternehmen machen je nach Modell häufig nur ein Foto vom Produkt. Die anderen Farben werden mittels Photoshop erzeugt. Das ist billiger und »farbechter«, hat allerdings zur Folge, dass Bilder, die nebeneinanderstehen, schnell langweilig wirken.

2 Warum Pinterest?

- Marken
- Preis
- Stil

Die genannten Dimensionen können und sollen frei miteinander kombiniert werden, um den Nutzern ein angenehmes Erlebnis hinsichtlich eines zu abonnierenden Accounts, zu vermitteln. Natürlich wäre es am erstrebenswertesten, wenn die Nutzer gleich dem ganzen Account folgen und nicht nur einem einzelnen Board.

2.4.4 Möbel & Haushaltsgeräte/-gegenstände

Nehmen wir einfach einmal einen der erfolgreichsten Blogs als Beispiel. Bei pejper bloggen anna k. und sofia über Lifestyle. Dabei hat anna k. über sieben Millionen Fans – sie beschäftigt sich etwas mehr mit Bekleidung. Ihre Kollegin sofia hat wohl etwas später angefangen, geht aber nach dem gleichen Prinzip vor. Sie pinnt viele Einrichtungsgegenstände. In Abbildung 2.10 sehen Sie einen Teil der 70 Boards ihres Accounts. Das gefällt mir sehr gut und macht Lust auf das Folgen.

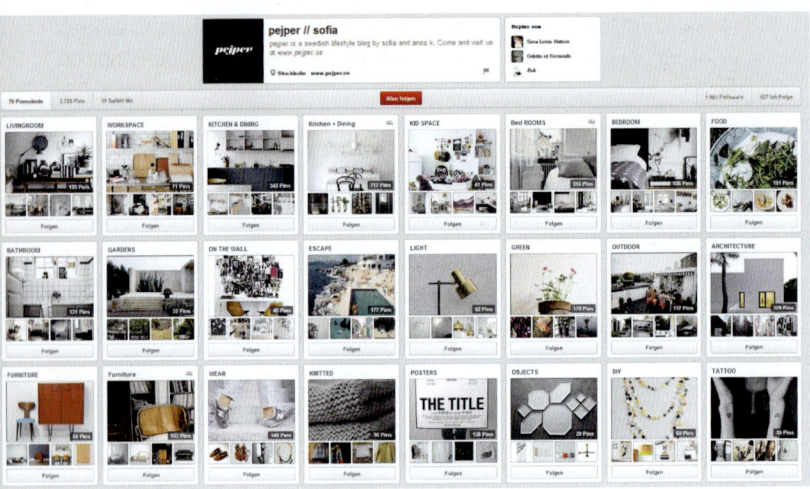

Abb. 2.10: *pejper*

Für welche Unternehmen ist Pinterest ein geeigneter Kanal? 2.4

Schauen Sie ruhig, was sofia gemacht hat. Die Gestaltung ihrer Boards ist vorzüglich, auch wenn die Arme hinsichtlich ihrer Gefolgschaft weit hinter anna k. liegt. Hinsichtlich der Kategorien hat sie einiges zu bieten:

- Art des Zimmers (Wohnzimmer, Küche, Schlafzimmer etc.)
- Stil (Landhaus, Rustikal, Modern, Design etc.)
- Länder (Asien, Afrika, Amerika, Italien etc.)
- Farben (immer wieder beliebt)
- Anlässe (Ostern, Weihnachten, Frühling, Sommer etc.)
- Möbelarten (Regale, Sitzmöbel, Betten, Tische etc.)
- Materialien (Holz, Metall, Kunststoff, Stoff etc.)
- Gebäudearten (Wohnung, Büro, Hotel etc.)

Sicher sind noch weitere Dimensionen denkbar. Als Anregung sollten die genannten ausreichen.

2.4.5 Kunst/Fotografie

Wenn es um Kunst auf Pinterest geht, ist das J. Paul Getty Museum wohl am erfolgreichsten hinsichtlich der Follower. Es liegt noch deutlich vor dem Metropolitan Museum of Art, was wohl auch an der Anzahl der Pins liegt. Hier ist das New Yorker Haus sehr viel sparsamer als das Getty aus Los Angeles.

Hierin zeigt sich deutlich, dass die Zahl der Pins wichtig für den Erfolg ist. Nur wenn viel gepinnt wird, bekommt man viele Follower. Das nur am Rande. Beide Museen wollen nur Besucher, Renommee und vielleicht ein wenig über den Museumsshop verkaufen. Bei Galerien, gleich ob diese Originale, Reproduktionen, Plakate oder Fotos verkaufen, ist die Lage etwas anders. Es geht darum, Anfragen zu generieren oder bei billigeren Objekten gleich Käufe über das Internet. Kategorien können sein:

- Künstler
- Farben
- Technik
- Größen
- Art (Malerei, Fotografie, Mischtechnik, Skulptur etc.)
- Schaffensperioden

2 Warum Pinterest?

- Kategorien
- Länder
- Gruppen

Auch hier bleibt der Fantasie fast keine Grenze gesetzt. Eine gute Idee ist es immer, Fotos der Exponate durch Fotos der jeweiligen Künstler und gegebenenfalls von Vernissagen zu ergänzen.

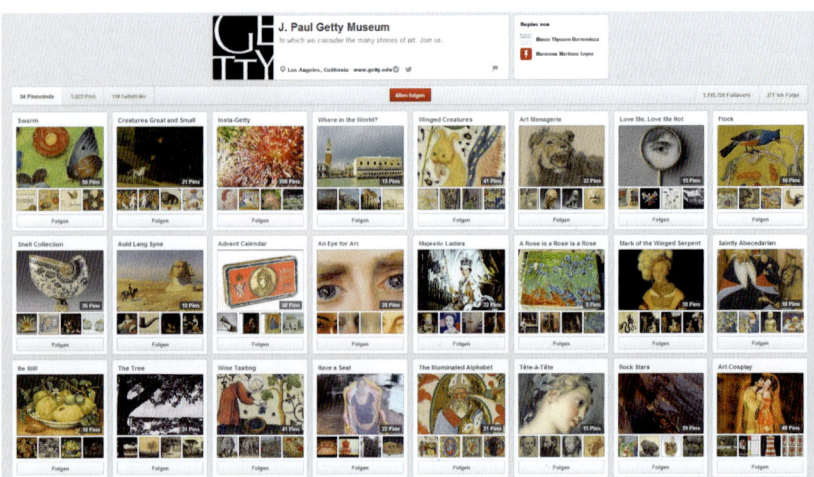

Abb. 2.11: *Das Getty Museum*

2.4.6 Design & B2B

Design – schön gestaltete Dinge passen sehr gut zu Pinterest. Prinzipiell könnte man dies auch in den Abschnitten über Kunst und Möbel unterbringen. Neben den Design-Objekten – die auch Papier oder Tapeten sein können – gibt es aber noch weitere Aspekte, die mir relevant erscheinen. Auch Dienstleister, die in dem Bereich tätig sind, können erfolgreich aktiv werden und Pinterest für ihr B2B-Geschäft nutzen. Ich selbst konzentriere mich dabei auf Infografiken. Insbesondere Kreativagenturen können auf Pintererest ohne großen Aufwand ihre visuellen Konzepte zeigen. In Abbildung 2.12 können Sie die Account-Ansicht von Formula Design sehen, die

Für welche Unternehmen ist Pinterest ein geeigneter Kanal? 2.4

mit ihrem Vorgehen eine nicht unbeträchtliche Zahl von Followern generieren konnten.

Hinsichtlich der möglichen Themen für Boards bieten sich unter anderem folgende Ansatzpunkte:

- Objektklassen (Papier, Flaschen, Anzeigen, Videos etc.)
- Designklassen (Logo, CD etc.)
- Materialien (Papier, Plastik, Holz etc.)
- Farben (Rot, Weiß, Blau – oder doch Grün etc.)
- Konzeptklassen (Flat, Eckig, Rund etc.)
- Kunden
- Designer
- Phasen/Entwicklungsverläufe

Insgesamt kommt es sehr auf die Ausprägung des Unternehmens an. Sie sollten beim Anlegen der Boards darauf achten, dass genug Bildmaterial in Ihrem Unternehmen zur Verfügung steht.

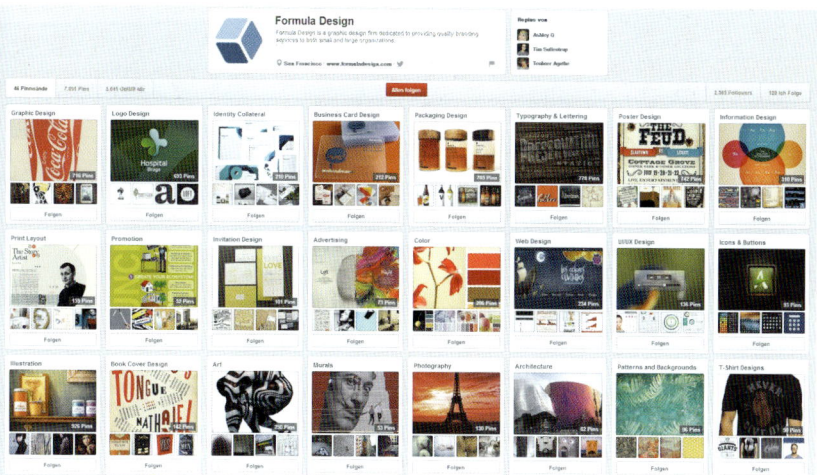

Abb. 2.12: Formula Design

Kapitel 3
Die Einrichtung des Accounts

3.1	Der Start	54
3.2	Was Unternehmen beachten sollten	62
3.4	Die Website verifizieren	66
3.5	Das Konto in einen Business-Account umwandeln	70
3.6	Boards	72

3 Die Einrichtung des Accounts

Der erste Schritt zu Pinterest besteht in der Einrichtung eines Accounts. Wahrscheinlich haben Sie das schon gemacht. In diesem Kapitel erkläre ich, welche Möglichkeiten zur Einrichtung eines Accounts es gibt und welche Fallstricke dabei zu beachten sind. Das betrifft private und geschäftliche Accounts. Darüber hinaus geht es darum, wie man Boards anlegen kann und was dabei zu beachten ist.

3.1 Der Start

Prinzipiell können Sie ganz einfach und schnell loslegen. Am allerschnellsten geht es, wenn Sie in einem Browser bereits bei Facebook oder Twitter eingeloggt sind, dann klicken Sie bei Pinterest nur noch auf »Mitmachen« und danach auf den entsprechenden Button. Noch schnell einen Namen wählen oder ändern und los geht es mit dem Folgen. Viel langsamer ist eine primäre Registrierung auch nicht. Pinterest fordert nur sehr wenige Daten – das ist ähnlich wie bei Twitter. In Abbildung 3.1 können Sie das recht gut sehen. Erforderlich ist in der Tat nur ein Name für Ihren Account, eine E-Mail-Adresse und ein Passwort. Ein Foto können Sie hochladen, müssen Sie jedoch im ersten Schritt nicht. Zudem können Sie die Angabe Ihres Geschlechts verweigern.

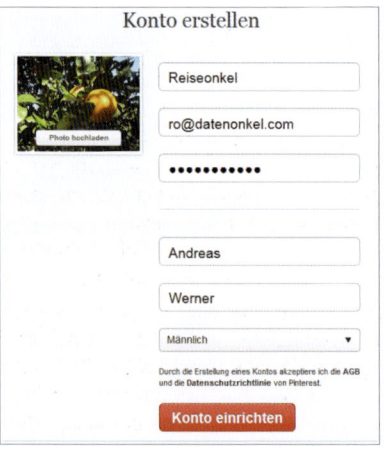

Abb. 3.1: *Die Registrierung*

> **Hinweis**
>
> Pinterest arbeitet mit sehr modernen Web-Technologien. Deshalb sollten Sie nur sehr moderne Browser benutzen, die solche Technologien vollständig unterstützen und sich an die neuesten Standards halten.
>
> Benutzen Sie möglichst Firefox, Chrome oder Safari für Pinterest. Microsofts Internet Explorer wird nach Aussage von Pinterest ab Version 10.0 unterstützt. Bei meinen Tests waren die Ergebnisse jedoch eher bescheiden. Opera wird auch nicht unterstützt.

3.1.1 Anmelden mit Facebook oder Twitter?

Die an sich einfache Sache – »Social Login« – bringt, neben dem Vorteil der Bequemlichkeit, freilich einen kleinen Nachteil mit sich: Sie müssen später auch bei Facebook oder Twitter eingeloggt sein, wenn Sie sich bei Pinterest einloggen wollen. Sie sind dann also auch bei Facebook eingeloggt, während Sie pinnen. Facebook kann dann auf Seiten, auf denen Social Plug-ins installiert sind, mitverfolgen, ob Sie diese Seiten besuchen. Hier sollten Sie selbst entscheiden, wie wichtig Ihnen Ihre Privatsphäre ist. Pinterest bietet Ihnen auch an – selbst wenn Sie sich mit Ihrem Facebook-Account registriert haben –, ein eigenes Passwort festzulegen. Dann können Sie sich auch mit Ihrer E-Mail-Adresse und Ihrem Passwort bei Pinterest einloggen.

> **Hinweis**
>
> Wenn Sie ein Mobilgerät – also ein Smartphone oder ein Tablet – benutzen, dann ist die Registrierung mit Facebook oder Twitter obligatorisch. Sie sollten in diesem Fall Pinterest in Facebook auch nicht blockieren. Das kann ja auch versehendlich passiert sein. Suchen Sie Pinterest im Facebook-App-Store und korrigieren Sie Ihre Angabe in der rechten Spalte. Vielleicht wollten Sie ja nur keine Einladungen mehr zu Pinterest bekommen oder darüber informiert werden, dass Facebook-Freunde jetzt Pinterest installiert haben – *http://www.facebook.com/appcenter/pinterestapp*.
>
> Beachten Sie bitte, dass Sie Pinterest nur mit einem persönlichen Account beitreten können. Wenn Sie also gerade bei Facebook als Page agieren, funktioniert die Registrierung mit dem Facebook-Account nicht. Sie müssen dann zunächst auf einen persönlichen Account wechseln. Weiter unten erkläre ich genauer, was Unternehmen bei der Anlage ihres Accounts noch beachten sollten.

> **Vorsicht**
>
> Wenn das Login mit Facebook oder Twitter mal nicht funktioniert, ist eine häufige Ursache der Besuch von Freunden, die sich an Ihrem Rechner auf Facebook oder Twitter eingeloggt und vergessen haben, sich auszuloggen. So kann es auch passieren, dass Sie im falschen Account landen. Seien Sie nicht neugierig oder bösartig, loggen Sie den Browser aus Facebook oder Twitter aus und melden Sie sich bitte mit Ihren eigenen Zugangsdaten an, dann wird alles gut.

3.1.2 Pinnwänden folgen

Damit Ihr Account funktioniert und Ihnen auch Pins angezeigt werden können, müssen Sie zunächst einigen – mindestens fünf – Pinnwänden folgen.

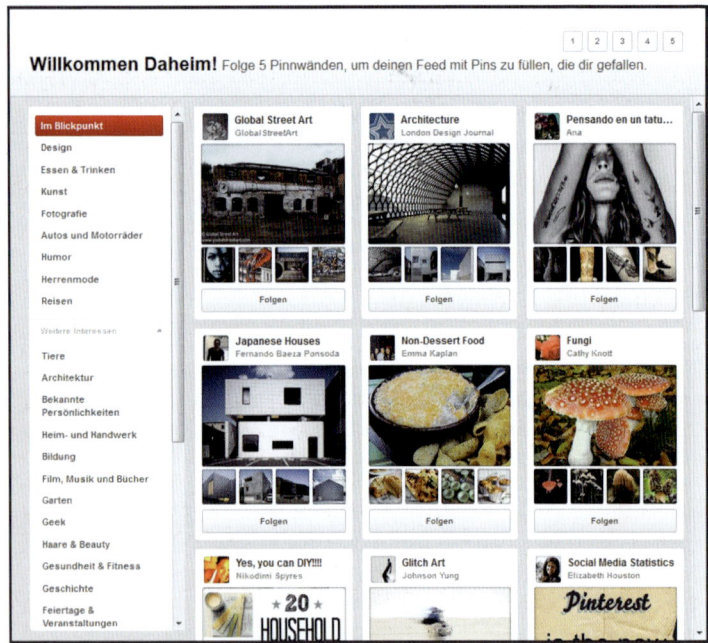

Abb. 3.2: *Mindestens fünf Pinnwänden folgen*

Dabei können Sie natürlich die direkt angezeigten Wände nehmen, wenn diese gefallen – oder alternativ Pinterest nach den angebotenen Kategorien durchforsten. Sie müssen sich dabei auch nicht zurückhalten: Wenn Ihnen später die Pinnwände bzw. das, was darauf gepinnt wird, nicht mehr gefallen, können Sie diese ganz einfach wieder entfolgen. Leider können Sie in dieser Phase die Boards nicht en detail anschauen, um ihnen zu folgen. Das sollten Sie später unbedingt machen, um nicht mit Inhalten zugemüllt zu werden, die Sie nicht mögen.

Während die Kategorien bei Pinterest anfangs mehr oder weniger den Kapiteln einer Frauenzeitschrift entsprochen haben – es gab auch nur acht oder zehn Kategorien –, gibt es schon seit einiger Zeit ein recht breites Spektrum von rund vierzig Kategorien. Je nachdem, ob Sie als Geschlecht männlich oder weiblich ausgewählt haben, werden Ihnen oben die jeweils wichtigsten Kategorien angezeigt.

3.1.3 Account vervollständigen

Nun bekommen Sie bereits Pins in Ihrem Feed angezeigt. An Ihrem Account sollten Sie jedoch noch ein wenig arbeiten, damit dieser hübsch aussieht und Freunden oder Fremden gefällt und diese – wenn Sie das wollen – mit Ihnen in Kontakt treten können. Das ist besonders dann wichtig, wenn Sie einen Namen haben, den es häufig gibt.

So super aufgeräumt ist Pinterest an dieser Stelle nicht. Es gibt zwei Orte, an denen Sie Ihr Profil konfigurieren können bzw. müssen, wenn Sie alle Möglichkeiten ausschöpfen möchten:

1. Im Profil können Sie auf den Bleistift in der rechten unteren Ecke klicken und die meisten Angaben ändern.
2. Wenn Sie rechts oben auf Ihren Namen klicken und EINSTELLUNGEN auswählen, können Sie Ihren Facebook- und Twitter-Account verbinden, so Sie diese haben und das möchten.

Als »Profil« bezeichnet Pinterest übrigens den Kasten unterhalb der Kopfleiste. In Abbildung 3.3 sehen Sie dort meinen Namen und ein Foto mit Orangen. Wenn Sie auf den Stift klicken, bekommen Sie ein Menü, wie Sie es in Abbildung 3.4 sehen können, zu Gesicht.

3 Die Einrichtung des Accounts

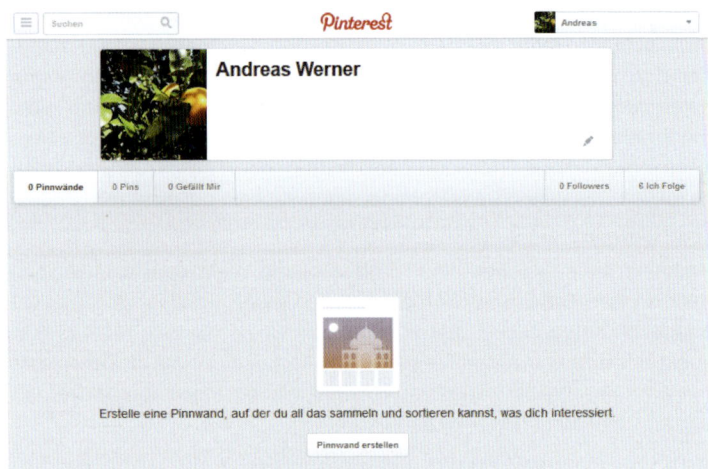

Abb. 3.3: *Ein leeres Konto*

Darin ist es möglich, Ihren »Namen« zu ändern oder ihm Zusätze zu geben. Diese Zusätze können wichtig für Ihre Auffindbarkeit sein (vgl. Abschnitt 3.2 »Was Unternehmen beachten sollten«). Auch die Abänderung des »Benutzernamens« ist möglich, solange der neue gewünschte Name noch verfügbar ist. Und noch einmal zur Erinnerung: Nutzernamen müssen zwischen drei und 15 Zeichen lang sein. Wenn ein Nutzername bereits belegt ist und noch weitere Zeichen verfügbar sind, können Sie eine Zahl hinzufügen.

Daneben sollten Sie eine »Kurzinfo« eintragen, die Sie kurz charakterisiert. Dieser Text soll Sie beschreiben, sodass Sie von Freunden erkannt werden, wenn Ihr Foto Sie nicht zeigt. Zusätzlich sollte der Text Leuten, die auf Ihr Profil stoßen, ein wenig Auskunft über Sie geben. Schreiben Sie beispielsweise, was Sie gerne pinnen, bevorzugte Sportarten oder Hobbys in das entsprechende Feld. Sie können diesen Text jederzeit aktualisieren.

Hinweis

Der Text der »Kurzinfo« wird in der Suche von Pinterest derzeit nicht berücksichtigt. Sie sollten den Text also wirklich so formulieren, dass er für Menschen angenehm lesbar ist.

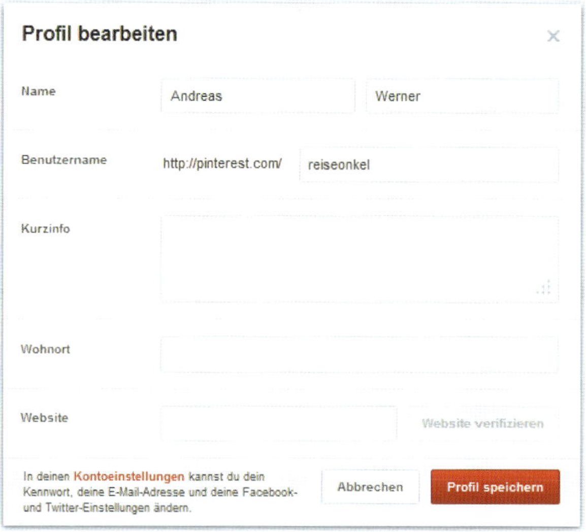

Abb. 3.4: Profilangaben

Das Feld »Wohnort« ist natürlich für Ihren Wohnort vorgesehen. Diesen sollten Sie eintragen, wenn Sie möchten, dass Besucher Ihres Profils erfahren, woher Sie kommen. Im Feld selbst ist keine Funktionalität enthalten, wie Sie dies beispielsweise von Anwendungen wie Google-Maps kennen könnten. Es handelt sich um ein reines Textfeld, in das Sie auch einfach nur »GERMANY« oder »Entenhausen« eintragen können. Ich empfehle, den Eintrag mit dem Land zu ergänzen, wenn Sie überhaupt etwas eintragen möchten.

Wenn Sie über eine eigene »Website« verfügen, dann sollten Sie diese natürlich auch eintragen. Es kann sich auch um ein Zentralprofil wie about.me, ein Blog oder eine andere Website handeln. Wichtig ist nur, dass das Profil nur mit einer einzigen Website verbunden werden kann. Wenn Sie einen Business-Account anstreben und Pinterest-Analytics verwenden möchten, sollten Sie Zugriff auf die Website haben, um diese verifizieren zu können. Wie das funktioniert, erkläre ich in Abschnitt 3.4. Zunächst sollten Sie sich unbedingt noch mit einigen weiteren Einstellungen Ihres Accounts beschäftigen.

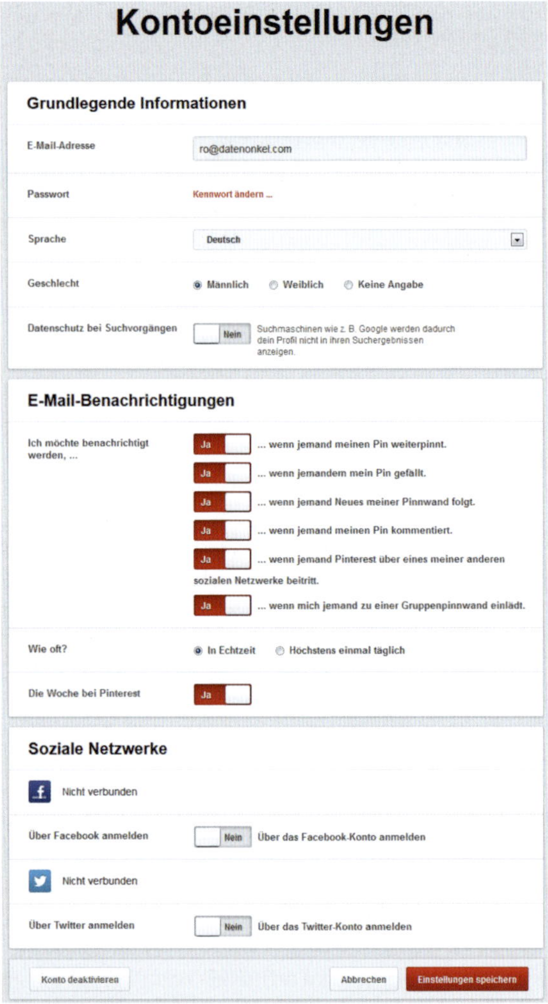

3 Die Einrichtung des Accounts

Kontoeinstellungen

Grundlegende Informationen

E-Mail-Adresse	ro@datenonkel.com
Passwort	Kennwort ändern ...
Sprache	Deutsch
Geschlecht	● Männlich ○ Weiblich ○ Keine Angabe
Datenschutz bei Suchvorgängen	**Nein** — Suchmaschinen wie z. B. Google werden dadurch dein Profil nicht in ihren Suchergebnissen anzeigen.

E-Mail-Benachrichtigungen

Ich möchte benachrichtigt werden, ...	**Ja** ... wenn jemand meinen Pin weiterpinnt.
	Ja ... wenn jemandem mein Pin gefällt.
	Ja ... wenn jemand Neues meiner Pinnwand folgt.
	Ja ... wenn jemand meinen Pin kommentiert.
	Ja ... wenn jemand Pinterest über eines meiner anderen sozialen Netzwerke beitritt.
	Ja ... wenn mich jemand zu einer Gruppenpinnwand einlädt.
Wie oft?	● In Echtzeit ○ Höchstens einmal täglich
Die Woche bei Pinterest	**Ja**

Soziale Netzwerke

[f] Nicht verbunden	
Über Facebook anmelden	**Nein** Über das Facebook-Konto anmelden
[y] Nicht verbunden	
Über Twitter anmelden	**Nein** Über das Twitter-Konto anmelden

[Konto deaktivieren]   [Abbrechen] [**Einstellungen speichern**]

Abb. 3.5: Pinterest-Kontoeinstellungen

Dazu klicken Sie oben rechts auf Ihren Namen und wählen im Klappmenü »Einstellungen« aus. Abgesehen davon, dass Sie dort Ihre E-Mail-Adresse und Ihr Passwort abändern können, gibt es noch eine Reihe weitere Einstellungsoptionen, die Sie Abbildung 3.5 entnehmen können.

Grundsätzlich ist Ihr Konto so eingestellt, dass Sie, Ihre Boards und Pins bei Suchmaschinen gefunden werden können. Meistens wird das ja auch so gewünscht sein. Allerdings können Sie dies auch verhindern, wenn Sie bei »Datenschutz in Suchvorgängen« die Einstellung von »Nein« auf »Ja« abändern, indem Sie den entsprechenden Schalter einfach anklicken.

> **Wichtig**
>
> Wenn Sie bei Suchmaschinen mit Ihrem Pinterest-Account nicht gefunden werden möchten, setzen Sie die Einstellung bei »Datenschutz in Suchvorgängen« bitte auf »Ja«.

3.1.4 Benachrichtigungseinstellungen

Ich muss nicht die möglichen Benachrichtigungseinstellungen für Sie aufzählen. Die Einstellungsmöglichkeiten finden Sie in Abbildung 3.5. Genauer: die Möglichkeiten, die zur Verfügung standen, als ich zum letzten Mal den Screenshot von der Seite gemacht habe. Es hat sich während meiner Schreibphase ziemlich viel verändert. Das sehen Sie auch am englischen Text in der Abbildung. Plötzlich war der neu da. Geschrieben wurde bei Pinterest nichts darüber. Wundern Sie sich also bitte nicht, wenn das wieder einmal ganz anders aussieht. Die Grundzüge sollten jeweils identisch bleiben:

1. Es gibt Benachrichtigungen über die Aktivität hinsichtlich Ihres Accounts (Likes, Repins, Folgen von Account oder Board etc.)
2. Benachrichtigungen von Pinterest
3. Einstellungsmöglichkeiten hinsichtlich der Frequenz

Sie müssen sich also nur überlegen, über was Sie informiert werden möchten, und erhalten entsprechend Nachrichten von Pinterest. Sofern Sie sich nicht in Echtzeit informieren lassen möchten, sollten Sie beachten, dass nicht zwingend alle Aktionen, über die Sie informiert werden wollten, Inhalt der Benachrichtigung sind. Offensichtlich schneidet Pinterest hier Inhalte weg, sofern es zu viele werden. Auf der Website oder in den Mobile-Apps werden alle Aktionen erfasst. Ich persönlich fände es schön, wenn Pinterest noch Datum und Uhrzeit oder den zeitlichen Abstand zur gezeigten Aktion angeben würde – erfasst wird diese Zeit von Pinterest. Derzeit steht in der App, dass alle Aktionen gerade eben stattfanden. Man darf also erwarten, dass die Zeit bald ausgewiesen wird – wahrscheinlich schon jetzt, da Sie diese Zeilen lesen.

3.2 Was Unternehmen beachten sollten

Unternehmen sollten ihren Namen so rasch wie möglich sichern. Dieser darf bei Privat-Accounts und bei Business-Accounts zwischen drei und 15 Zeichen lang sein. Es ist wie bei Facebook, Twitter oder bei Domainnamen – wenn ein Mitbewerber oder ein wenig freundlicher Zeitgenosse Ihnen einen gewünschten Namen wegschnappt, wird es aufwendig. Sie müssten dann bei Pinterest eine Rückführung beantragen bzw. eine Markenrechtsverletzung melden. Zu diesem Zweck sollten Sie möglichst folgende Seite aufrufen *http://about.pinterest.com/trademark/*. Alternativ können Sie sich an die E-Mail-Adresse *copyright@pinterest.com* wenden. Das betrifft übrigens auch andere Markenrechtsverstöße auf Pinterest – einzelne Pins oder Boards.

Bei Facebook oder Twitter ist es für Unternehmen üblich, mit Länder-Accounts bzw. Länderseiten zu arbeiten. Das ist bei Pinterest nicht zwingend notwendig, wenn sich die Länderstrategien nicht gravierend unterscheiden. Durch die Zentrierung auf Bilder und die noch bestehende Konzentration auf den englischen und spanischen Sprachraum erübrigt sich dies eigentlich. Hinzu kommt die Tatsache, dass man anders als beispielsweise bei Facebook Accounts nicht getrennt nach Sprachen oder Ländern betreiben kann. Man kann also nur den Twitter-Ansatz wählen und über den Account-Namen und seine Kurzcharakteristik die Nutzer zum »richtigen« Account geleiten. Letztlich ist die Entscheidung darüber, ob man als Unternehmen mit einem übergreifenden oder mehreren länderspezifischen Accounts arbeiten möchte, hauptsächlich davon abhängig, ob über den Account der Verkauf auf der Website forciert werden soll. Wenn Sie mit Preisangaben in Pins und mit eigenen Texten unter Pins arbeiten möchten, benötigen Sie erstens Länderseiten mit dezidierten Shops und jeweils einen zum Shop gehörigen Account, um bei den Nutzern nicht zu viel Verwirrung zu erzeugen.

Was Unternehmen beachten sollten 3.2

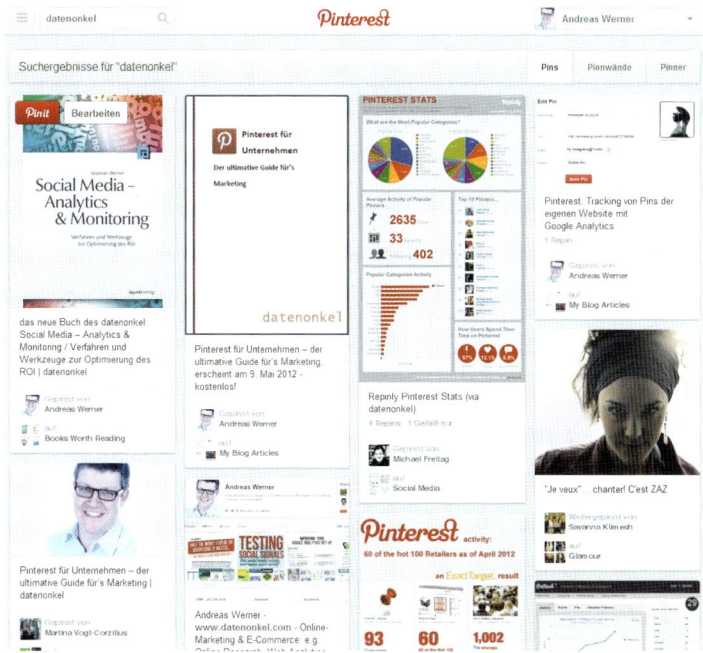

Abb. 3.6: *Suchergebnisse bei Pinterest*

Bei der Namengebung sollten Sie auch ein wenig auf die »Pinterest-SEO« achten – die Suchmaschinenoptimierung für Pinterest. Die Ergebnisliste von Pinterest ist dreigliedrig. Nutzer bekommen

- Pins,
- Boards und
- Pinner

gezeigt. In Abbildung 3.6 können Sie das oben rechts sehen. Sie sollten Ihre wichtigsten Suchbegriffe also in allen drei Kategorien unterbringen und bei Ihrem Unternehmensnamen vielleicht auch über den eigenen Schatten springen, um in einer bestimmten Gattung aufzutauchen. Bei einer persönlichen Anmeldung sollten Sie neben dem Namen aus dem Personalausweis auch noch den Spitznamen hinzufügen.

Dabei kommt es innerhalb der Suche auch tatsächlich nur auf das an, was unter den Namen eingetragen ist. Die Erläuterungen in der »Kurzinfo« werden nicht herangezogen, wohl aber der Name, den Sie für Ihre Adresse wählen – also Ihr »Benutzername« (vgl. Abbildung 3.7).

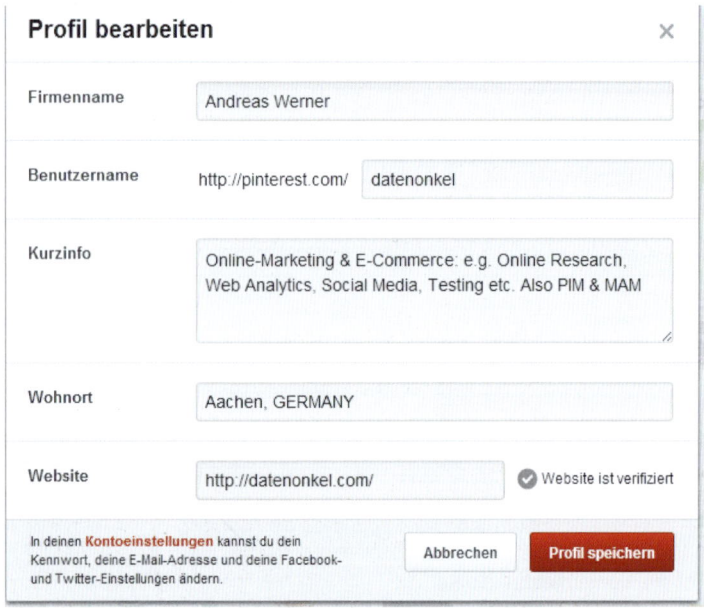

Abb. 3.7: *Profil eines Unternehmens-Accounts bearbeiten*

3.3 Ein Account oder mehrere?

Ich habe ein wenig überlegt, ob ich diesen Abschnitt in das Buch einbaue. Es geht darum, wie man die eigenen Pins stärker verbreiten kann. Natürlich sollten Unternehmen einen Unternehmens-Account anlegen. Nur dann werden sie gefunden. Die entscheidende Frage ist allerdings, ob das reicht, um den eigenen Produkten einen starken Push zu geben. Pinterest liefert implizit selbst die Antwort in seinen Analytics: Nein. Die Website und was davon gepinnt wird, ist das Zentrum für Unternehmen. Analysiert man die Pin-Tätigkeit von großen amerikanischen Bekleidungsmarken, so stellt man fest, dass mitunter bis zu 80 Prozent der Pins von Accounts getätigt werden, die ich – verzeihen Sie mir bitte den Ausdruck – als »Spam-Accounts« bezeichnen würde. Hierfür gibt es leider entsprechende Dienstleister.

Durch diese Pins sollen die Produkte innerhalb von Pinterest stärker verbreitet werden. Prinzipiell ist die Idee dahinter ja nicht schlecht. Man kann den Unternehmens-Account auf diese Weise sauberer halten – muss nicht so vielen Boards oder Accounts folgen – und die eigenen Bilder werden dennoch verbreitet. Bedenken sollten Sie an dieser Stelle natürlich, dass Pinterest an dieser professionellen Tätigkeit nicht viel gelegen ist, die man noch relativ leicht erkennen kann. Es handelt sich in der Regel um sogenannte »Low Ratio Accounts«, also Accounts, die sehr viel mehr Boards oder Accounts folgen, als sie selbst haben, und bei denen genau diese Zahlen viel stärker steigen als ihre Gefolgschaft.

Tipp

Mit mehreren Accounts kann man Bilder leichter verbreiten.

Was sollten Sie also tun? Es ist eigentlich nicht viel anders als bei Facebook. Dafür sollte man keine Fans kaufen. Für Pinterest sollten Sie keine zwielichtigen Verbreitungsagenturen nutzen. Der solide Weg mag etwas steiniger sein, ist jedoch langfristig sinnvoller. Selbst oder durch einen Dienstleister setzen Sie weitere Accounts auf, die sich bitte biotisch entwickeln und bei denen Bilder der eigenen Website gepinnt werden. Sie können auch versuchen, »Brand Advocats« zu identifizieren – also Fans Ihrer Marke, die diese bereits freiwillig verbreiten. Wenn diese noch dazu über eine größere Gefolgschaft verfügen, ist das noch besser. Nun müssen diese zum verstärkten Pinnen motiviert werden. Letztlich ist es so, dass das »Engagement« – darunter fällt in diesem Fall das Pinnen eines Bildes von einer Marken-Website – überwiegend durch die Community, also durch die Fans der Marke, getrieben ist. Curalate hat hierzu eine Analyse hinsichtlich verschiedener Branchen gemacht:

- Mode & Handel 82 Prozent Community-Anteil
- Automobil 75 Prozent Community-Anteil
- Elektronik 53 Prozent Community-Anteil

Auch hierbei wird wiederum deutlich, wie wichtig die Visualisierbarkeit der Produkte ist. Lautsprecher, Computer oder Handys sind eben in der Regel weniger hübsch anzusehen als Kleidungsstücke.

3.4 Die Website verifizieren

Wenn Sie eine eigene Website oder ein Blog haben, dann können Sie diese verifizieren. Das bedeutet, dass Pinterest durch ein Häkchen neben der Adresse anzeigt, dass Sie tatsächlich der Eigentümer sind. Nutzer eines Privat-Accounts haben davon eigentlich nicht wirklich viel außer der Tatsache, dass ihre Folger mit Sicherheit wissen, dass sie für diese Website verantwortlich sind und nicht sonst wohin verlinken. Für Business-Accounts ist die Lage etwas anders – ohne die Verifizierung kann man keinen Zugriff auf die Pinterest Analytics erlangen (vgl. Abschnitt 8.1). Wenn Sie nun als Privatanwender auf die Idee kommen, Ihren Account in einen Business-Account zu überführen, um Zugriff auf die Pinterest Analytics zu bekommen gleich hier die Antwort: Ja, das ist möglich. Kosten verursacht der Business-Account zumindest derzeit nicht.

> **Wichtig**
>
> Sie können nur eine Website pro Pinterest-Account verifizieren. Wenn Sie über mehrere verfügen, sollten Sie also überlegen, welche das sein soll. Eine Abänderung der verifizierten Website ist möglich.

3.4.1 Eigener Webserver

Sie müssen einfach nur neben Ihrer Adresse – Pinterest schreibt WEBSITE – auf WEBSITE VERIFIZIEREN klicken (Abbildung 3.4), dann bekommen Sie das Dialogfenster in Abbildung 3.8 zu sehen. Prinzipiell gibt es zwei Möglichkeiten:

1. Verifikation durch Upload einer Datei auf Ihren Webserver
2. Verifikation durch Platzierung eines Meta-Tags auf Ihrer Homepage

Wenn Sie privat einen Webserver betreiben, werden Sie verstehen, um was es geht. Sollten Sie in einem Unternehmen arbeiten und nicht für den Webserver oder technische Belange zuständig sein, dann müssen Sie die für Ihren Internet-Auftritt zuständige Person konsultieren und absprechen, welche von beiden die jeweils günstigere Option ist.

> **Hinweis**
>
> Sowohl die Datei als auch das Meta-Tag müssen nur so lange Teil der Website sein, bis der Verifikationsprozess abgeschlossen ist. Danach können diese wieder entfernt werden.

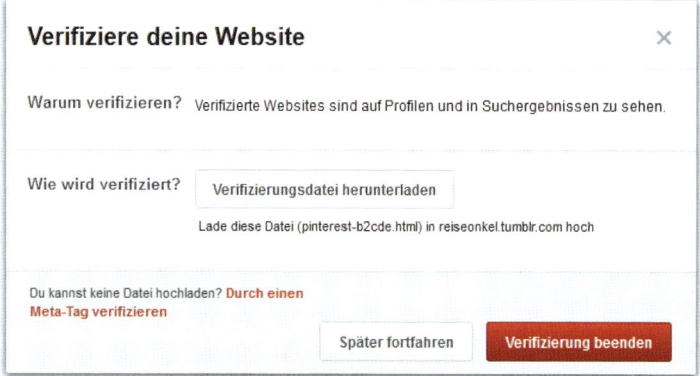

Abb. 3.8: *Website verifizieren*

Laden Sie die Datei herunter und platzieren Sie sie auf Ihrem Webserver im Root-Verzeichnis (sonst funktioniert es nicht) oder geben Sie sie an die zuständige Person weiter. Mit dem entsprechenden Meta-Tag können Sie identisch verfahren. Nachdem die Platzierung erfolgt ist, können Sie die Verifizierung beenden, indem Sie den entsprechenden Button anklicken. Beachten Sie bitte im Falle einer Verifizierung mittels Meta-Tag, dass das Fenster auf die Verifizierungsdatei zurückspringt. Das hat bei mir einmal zu Problemen geführt.

> **Hinweis**
>
> Manchmal dauert es ein wenig, bis Änderungen an Ihrer Website tatsächlich nach außen sichtbar werden. Warten Sie ein wenig im Falle einer Fehlermeldung, vielleicht sogar einen ganzen Tag, bis Sie den Verifikationsprozess abschließen.

Sollte sich der Verifikationsprozess nicht abschließen lassen und nach mehr als einem Tag noch immer eine Fehlermeldung erscheinen, dann löschen Sie bitte Ihre Adresse aus dem Feld »Website« und klicken Sie dann auf SPEICHERN. Danach können Sie den Verifikationsprozess erneut beginnen. Auf diesem Weg können Sie auch eine andere Website eintragen, wenn dies notwendig sein sollte.

3.4.2 Blog ohne eigenen Webserver

Auch wenn Sie ein Blog ohne eigenen Webserver betreiben – wenn Sie also beispielsweise bei Wordpress.com, bei Blogger (Google) oder bei Tumblr sind – gibt es die Möglichkeit zur Verifikation. Dann beschränkt sich dies entweder auf das Meta-Tag oder einen Teil davon.

Wordpress.com

Um den Verifikations-Code bei Wordpress.com einzugeben, rufen Sie bitte zunächst das Wordpress Dashboard auf – also den Teil von Wordpress, in dem Sie Einstellungen für Ihr Blog vornehmen. Klicken danach auf »Werkzeuge« bzw. »Tools« relativ weit unten in der linken Navigation.

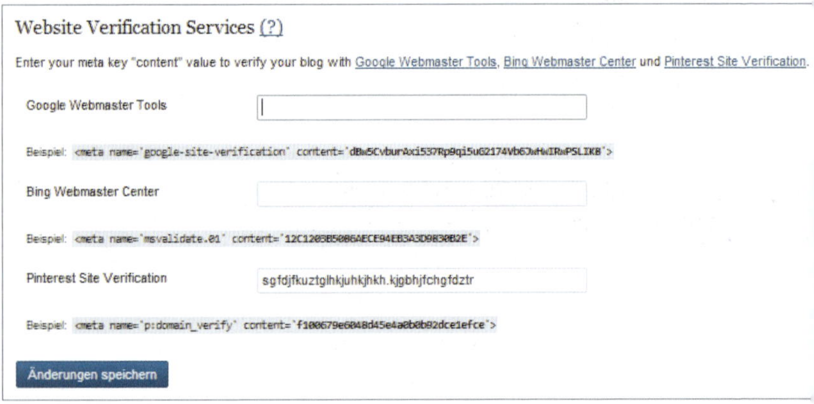

Abb. 3.9: Verifikation mit Wordpress

Im unteren Bereich der Seite bekommen Sie dann die verfügbaren »Website Verification Services« zu sehen. Der untere ist für Pinterest. Schneiden Sie nun den Code, der unter »content« im Meta-Tag steht, ohne die Anführungszeichen aus und kopieren Sie ihn in das vorgesehene Feld, wie in

Abbildung 3.9 ersichtlich. Speichern Sie Ihre Arbeit und setzen Sie den Verifikationsprozess fort.

Tumblr.com

Bei Tumblr müssen Sie direkt in den HTML-Code Ihres Blogs eingreifen, um die Verifikation durchzuführen. Aber keine Angst, das ist ganz einfach. Gehen Sie in Ihrem Blog mit der Maus nach oben rechts und klicken Sie auf »Anpassen«.

```
<!DOCTYPE html PUBLIC "-//W3C//DTD XHTML 1.0 Transitional//EN" "http://www
.w3.org/TR/xhtml1/DTD/xhtml1-transitional.dtd">
<!--

                                               .o8        oooo
     .o8                                      "888        `888
   .o888oo oooo   oooo  ooo. .oo.  .oo.    888oooo.   888  oooo d8b
     888   `888  `888  `888P"Y88bP"Y88b  d88' `88b  888  `888""8P
     888    888   888   888   888   888  888   888  888   888
     888 .  888   888   888   888   888  888   888  888   888      .o.
     "888"  `V88V"V8P' o888o o888o o888o `Y8bod8P' o888o d888b     Y8P

-->
<html xmlns="http://www.w3.org/1999/xhtml" xml:lang="en" lang="en">
<head>
    <!-- DEFAULT VARIABLES -->
    <meta name="color:Background" content="#3b627e" />

    <meta name="font:Title" content="Arial" />
    <meta name="font:Body" content="Arial" />
    <meta name="font:Accent" content="Lucida Sans" />

    <meta name="if:Show People I Follow" content="1" />
    <meta name="if:Show Tags" content="1" />
    <meta name="if:Show Album Art on Audio Posts" content="1" />
    <meta name="if:Enable Jump Pagination" content="0" />

    <meta name="p:domain_verify" content="e07bcd1cb04dabc5fcb094dc0e09289e"
/>

    <meta name="text:Disqus Shortname" content="" />

    <meta name="image:Header" content="" />
    <meta name="image:Background" content="" />

    <meta http-equiv="Content-Type" content="text/html; charset=utf-8" />
    <title>{Title}{block:SearchPage}, {lang:Search results for SearchQuery}
{/block:SearchPage}{block:PostSummary}, {PostSummary}{/block:PostSummary}
</title>
```

Abb. 3.10: *Verifikation mit Tumblr*

Danach müssen Sie auf HTML BEARBEITEN in der linken Spalte klicken. Sie bekommen dann einen Code wie in Abbildung 3.10 zu sehen. Ich hoffe, dass das für Sie nicht zu unübersichtlich aussieht. In diesen Text müssen Sie das Meta-Tag einfügen. Machen Sie einfach Pinterest in einem Fenster Ihres Browsers auf und Tumblr in einem anderen, kopieren Sie bei Pinterest das

Tag und fügen Sie es bei Tumblr dort ein, wo der Code mit `<meta` beginnt. Klicken Sie zunächst auf einen Zeilenanfang und betätigen Sie mit ⌈Enter⌉ und fügen Sie dann den Code-Schnipsel ein. Ich habe das in Zeile 27 gemacht.

Blogger.com
Für Blogger funktioniert die Verifikation entsprechend der Tumblr-Verifikation. Gehen Sie bitte in den Editiermodus Ihres Blogs. Rufen Sie dann in der linken Navigationsspalte VORLAGE bzw. TEMPLATE auf. Klicken Sie dann bitte auf HTML BEARBEITEN und fügen Sie das Meta-Tag im `<head>`-Bereich ein und speichern Sie Ihre Arbeit. Details hierzu habe ich im Abschnitt zu Tumblr erläutert.

> **Hinweis**
>
> Zum Zeitpunkt der Drucklegung waren noch keine Methoden bekannt, wie Sie auf E-Commerce-Plattformen wie beispielsweise etsy einen eigenen Shop verifizieren können. Prinzipiell sind hier, wenn Sie über eine Subdomain – also beispielsweise IhrShop.ECommercePlattform.com – verfügen, ein ähnliches Vorgehen wie bei den Blogs denkbar. Sie sollten also gegebenenfalls prüfen, ob es mittlerweile entsprechende Möglichkeiten gibt.

3.5 Das Konto in einen Business-Account umwandeln

Jeder bei Pinterest angelegte Account kann in einen Business-Account umgewandelt werden. Bisher haben Unternehmen – mit Ausnahme der Pinterest Analytics – keine wirklichen Vorteile. Es gibt für Business-Accounts andere AGBs und das war es dann auch schon. Beeindruckend ist das nicht. Allerdings muss sich Pinterest auch auf Angebote für Unternehmen vorbereiten und das tut es. Möglicherweise gibt es schon ein erweitertes Angebot für Unternehmen, wenn Sie diese Zeilen lesen. Eine Benutzer-Verwaltung – also die Möglichkeit einen Account von mehreren Benutzern verwalten zu lassen, wäre ausgesprochen hilfreich. Derzeit müssen sich alle Personen, die auf einem Account arbeiten, mit den gleichen Zugangsdaten einloggen. Das ist nicht wirklich günstig für größere Unternehmen.

Das Konto in einen Business-Account umwandeln | 3.5

> **Wichtig**
>
> Wenn Ihr Konto in einen Business-Account umgewandelt wurde, gibt es kein Zurück! Seien Sie also vorsichtig, wenn Sie aus privaten Gründen auf Features zugreifen möchten, die es nur im Business-Account gibt. Zukünftig kann dies durchaus Kosten verursachen.

Wenn Sie also als Unternehmen Ihren eigenen Business-Account haben möchten, ist das möglich, sobald Sie einen Privat-Account eingerichtet haben. Sie müssen dann auf folgende Seite gehen

http://business.pinterest.com/

oder diese alternativ über den Punkt UNTERNEHMEN unter der Kategoriensuche an diese Stelle aufrufen. In Abbildung 3.11 können Sie dies sehen.

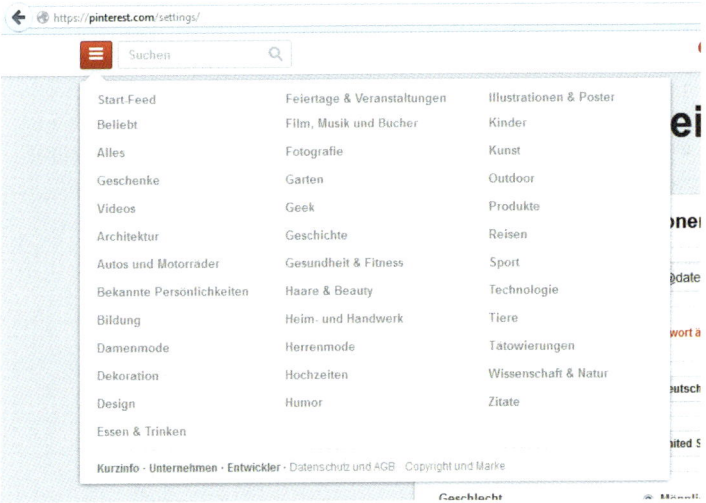

Abb. 3.11: *Kategoriensuche mit einigen Verweisen auf Pinterest-Material*

Klicken Sie nun auf JOIN AS A BUSINESS und schon geht es los. Als zusätzliche Angaben benötigen Sie nicht wirklich viel:

- Der Geschäftstyp muss benannt werden.
- Es muss eine Kontaktperson benannt werden.

Hinsichtlich des Geschäftstyps stehen folgende Optionen zur Auswahl, die später auch noch verändert werden dürfen:

1. Berufliches (z B. Fotografen, Blogger, Designer)
2. Persönlichkeiten des öffentlichen Lebens (z.B.Politiker, Sportler, Musiker, Schauspieler)
3. Medien (z.B. Zeitschrift, Zeitung, Fernsehnachrichten)
4. Marke (z.B. Coca Cola, SF 49ers, Grey Poupon)
5. Einzelhandel (z.B. Anthropologie, Pottery Barn)
6. Online-Marktplatz (z.B. etsy, Amazon)
7. Lokale Geschäfte (z.B. Restaurant, Boutique)
8. Institution/gemeinnützige Einrichtung (z.B. Smithsonian, MoMa)
9. Sonstiges

Ich habe die amerikanischen Beispiele im Text von Pinterest belassen. Prinzipiell funktioniert diese Gliederung. Man sollte sich auch nicht zu sehr den Kopf über seine eigene Zuordnung zerbrechen. Nach außen wird diese nicht sichtbar und Sie können sie jederzeit ändern.

Jetzt müssen Sie nur noch den AGB und der Datenschutzrichtlinie zustimmen und schon haben Sie einen Business-Account. Sofern Sie bereits Ihre Website validiert haben, können Sie nun auf die Pinterest Analytics zugreifen.

3.6 Boards

Mit dem Anlegen des Accounts sind Sie ja noch nicht fertig. Damit Sie richtig loslegen können, brauchen Sie noch Boards – Pinnwände –, auf denen Sie Ihre Pins platzieren. Schwierig ist das nicht. Es gibt nur einige Sachen, die Sie dazu wissen und beachten sollten.

> **Hinweis**
>
> Es gibt nur eine Board-Ebene. Sie können Boards also nicht aufbauen wie Ordnerstrukturen Ihres Computers – die Pinnwandstruktur ist also »flach«.

3.6.1 Boards anlegen

Wenn Sie in Ihrem Account auf Pinnwände gehen, erscheint zuerst eine leere Seite, auf der derzeit Folgendes steht: »Erstelle eine Pinnwand, auf der du all das sammeln und sortieren kannst, was dich interessiert.« Wenn Sie darunter auf PINNWAND ERSTELLEN klicken, bekommen Sie das Fenster aus Abbildung 3.12 zu sehen. Darin müssen Sie wenigstens einen Namen für die Pinnwand eingeben – einen Titel. Das würde prinzipiell reichen. Allerdings sollten Sie auch eine Beschreibung eingeben und eine Kategorie auswählen. Diese Angaben führen dazu, dass Sie und Ihre Pins besser gefunden werden. Entsprechend der Kategorien können Sie suchen. Wenn Sie also Ihr Board einer Kategorie zuordnen, haben Sie die Chance, in der entsprechenden Kategoriensuche aufzutauchen. Ob die Beschreibung bei der Pinterest-Suchfunktion berücksichtigt wird, kann ich nicht bestätigen. Bei meinen Tests wurde es auf Pinterest nicht berücksichtigt. Es war allerdings über das Web und Google auffindbar. Geheime Pinnwände behandele ich weiter unten.

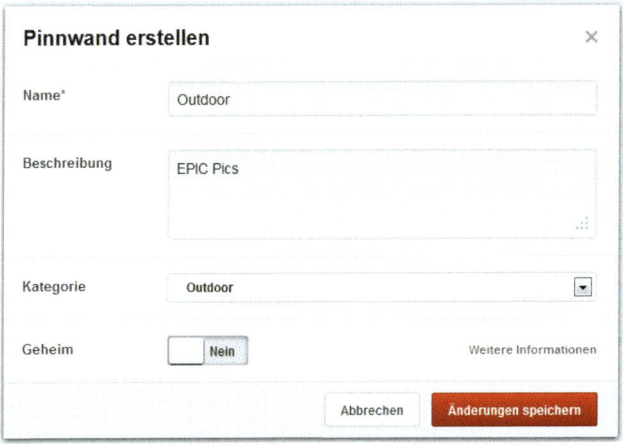

Abb. 3.12: *Pinnwand erstellen*

Ein anderer Weg, Boards anzulegen, besteht darin, dies im Rahmen des Pin-Vorgangs zu tun. Wenn Sie mit dem Marklet pinnen, bekommen Sie ein Fenster wie in Abbildung 3.13 zu sehen. Sie können dann einfach den

Namen der Pinnwand eintragen, auf ERSTELLEN klicken und einen Pin daran heften. Was hier im ersten Moment ganz einfach und sinnig aussieht, verlangt im Nachhinein ein wenig Nacharbeit. Auf diesem Weg tragen Sie lediglich den Titel bzw. Namen des Boards ein, weder eine Beschreibung noch die Zuweisung zu einer Kategorie finden statt. Zudem können Sie auf diesem Weg keine geheimen Boards anlegen.

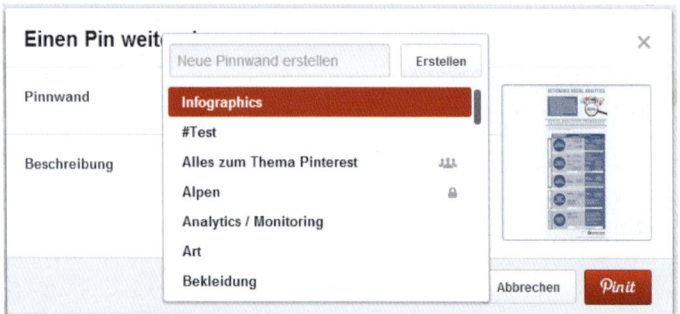

Abb. 3.13: Pinnwand beim Pinnen anlegen

Sie müssen also, nachdem Sie so eine neue Pinnwand erstellt haben, dieselbe noch einmal über die Board-Ansicht aufrufen und editieren. Das machen Sie am besten gleich, nachdem Sie es angelegt haben, da die Gefahr, die Angaben zu vergessen, ansonsten zu hoch ist. Ich empfehle, diesen Weg nur in Ausnahmefällen zu nutzen.

3.6.2 Welche Boards anlegen

Welche Boards sollen Sie nun eigentlich anlegen? Die Antwort ist nicht schwierig: Sachen, die Ihnen gefallen und wofür es eine größere Menge an Material gibt. Sie sollten ohnehin zunächst einigen Boards und Accounts folgen, um herauszufinden, wie andere Pinterest-Nutzer vorgehen. Das hilft ungemein. Sie sehen, welche Pins es gibt, was Ihnen mehr oder weniger gefällt.

Anlegen, was gefällt, und nacharbeiten

Wenn Sie sich also für Kochen, Reisen und Bekleidung interessieren, dann können Sie zunächst mit drei Pinnwänden beginnen, wenn Sie dann feststellen, dass Sie beim Board »Essen« etwas stärker differenzieren möchten – vielleicht nach Länderküchen oder Vor-, Haupt- und Nachspeisen –, dann können Sie das durchaus tun.

> **Hinweis**
>
> Pinnwände können sortiert werden.

Einen Nachteil gibt es leider, wenn man schon viele Folger auf einem Board hat, die dem Account nicht vollständig folgen: Man würde diese für die anderen Boards verlieren, wenn man – wie im Beispiel – die Pinnwand »Essen« plötzlich nicht mehr befüllen würde, sondern nur noch die Pinnwände »Italienisch essen«, »Chinesisch essen« und »Deutsch essen«. Und schließlich ist es für einen selbst ja eine Belohnung, eine große Gefolgschaft zu haben – und genau diese Gefolgschaft möchte man schließlich nicht enttäuschen. Genau aus diesem Grund wäre es auch sträflich, ein einmal angelegtes Board mit vielen Followern brachliegen zu lassen. Im Grunde ist es eine Herausforderung, mit der ziemlich viele Pinterest-Nutzer kämpfen. Aus meiner Sicht gibt es zwei Möglichkeiten des Umgangs:

> **Hinweis**
>
> Die Pins innerhalb eines Boards können (noch) nicht sortiert werden. Es ist lediglich möglich, das Titelbild für ein Board festzulegen.

1. Man lässt das Board bestehen und befüllt dies weiter. Daneben legt man weitere Boards an, die man zur Unterteilung der Pins benutzen möchte. Zunächst pinnt man – um auch weiterhin im Beispiel zu bleiben – immer nur auf »Essen« und von Zeit zu Zeit pinnt man die eigenen Pins von »Essen« auf die spezifischeren Boards weiter. So mache ich das bei meinem Infografiken auch und gewinne auf diesem Weg noch den einen oder anderen neuen Follower. Das ist etwas mehr Arbeit – man hat jedoch bei der Weiterverteilung der Pins etwas mehr Zeit, gesammelt sind diese ja schon – und kann bei den weiteren Boards sorgfältiger arbeiten.

2. Man benennt das ursprüngliche Board um und gibt ihm einen neuen Namen. Aus der Pinnwand »Essen« könnte so die Pinnwand »Italie-

nisch essen« werden, wenn bisher die meisten Pins zu italienischem Essen waren. Auf diesem Weg wird man vielleicht den einen oder anderen Fan etwas enttäuschen. Aufräumen und Pins umhängen muss man auch noch – in EDIT gehen und ein anderes Board auswählen. Das ist anfangs zwar etwas aufwendiger. Langfristig spart man sich jedoch einiges an Arbeit.

Dass man so vorgehen muss, ist nicht ungewöhnlich. Etwas ärgerlich ist es schon. Sie sollten also anfangs gut überlegen, zu welchen Themen Sie pinnen möchten und wie Sie diese Themen strukturieren – umsortieren können Sie die Boards immer noch. Wie das geht, erkläre ich in Abschnitt 3.6.5 »Boards sortieren und das Startbild festlegen«.

Herausforderung schnell wechselnder Sortimente

Die Herausforderung wird noch größer, wenn Unternehmen schnell wechselnde Sortimente, wie beispielsweise Bekleidungskollektionen in Pinnwänden unterbringen wollen. Was sollen Sie beispielsweise mit einem Board machen, dessen Produkte nicht mehr erhältlich sind – löschen? Bitte nicht – damit löschen Sie auch viele Follower. Nämlich genau solche, die nur einzelnen Boards Ihres Accounts folgen. Erstellen Sie ein neues Board, so hat dieses zunächst nur die Follower, die auch Ihrem Account folgen. Man sollte also seine Boards behalten.

Die Lösung ist an dieser Stelle sicher noch etwas unkonventionell: Benennen Sie Ihre Boards entweder neutral und pinnen Sie darauf ohne Rücksicht, ob die darin befindlichen Produkte noch erhältlich sind oder nicht – diese werden ohnehin von neuen Produkten nach unten verdrängt. In Kapitel 6 gehe ich auf diese Tatsache noch einmal näher ein.

Damit die Benennung Ihrer Pinnwände aktuell und frisch wirkt, könnten Sie auch den Titel verändern – also beispielsweise von »Sommer-Kollektion 2013« auf »Sommer-Kollektion 2014«. Auf Pinterest ist das technisch möglich, kann jedoch an anderer Stelle zu Problemen führen. Der Name Ihres Boards wird in eine Adresse überführt. Wenn Sie also bisher folgende Adresse dafür hatten

http://pinterest.com/IhrAccount/SommerKollektion2013

und diese Adresse in folgende ändern

http://pinterest.com/IhrAccount/SommerKollektion2014

dann werden bestehende Verlinkungen zerstört. Das Board wäre also nicht mehr verlinkt. Auch Widgets, die das Board bewerben, würden nicht mehr funktionieren (vgl. Abschnitt 6.1.5).

Sie sollten sich entscheiden, wie wichtig Ihnen dies ist. Am einfachsten ist es sicher, wenn man die Jahreserweiterung weglässt und einfach pinnt. Leider gibt es nach meinem Wissen noch kein Management-Werkzeug, mit dem man Pins, die vor einem bestimmten Zeitpunkt angelegt wurden, bequem wieder löschen kann. Das wäre ausgesprochen hilfreich, ebenso wie die Sortiermöglichkeit der Pins innerhalb einer Pinnwand.

Eine andere Möglichkeit besteht natürlich darin, Boards für die entsprechenden Kollektionen anzulegen und diese als weitgehend statischen Bestandteil des Accounts zu behandeln. Gestalterisch gibt es hierdurch viel größere Möglichkeiten. Allerdings läuft man wieder Gefahr, Follower zu gewinnen, deren Feed man unzureichend mit Pins versorgt. Für wirklich zielführend erachte ich dieses Vorgehen nur dann, wenn es möglich sein sollte, Boards anzulegen, von denen Nutzer zwar (re-)pinnen können, bei denen gleichzeitig aber kein Folgen möglich ist.

Unternehmen sollten Boards für Repins nicht vergessen

In Abschnitt 3.5 werde ich eingehend die Gründe für die Notwendigkeit solcher Pinnwände behandeln. Man benötigt sie, um mehr Follower gewinnen zu können. Indem man pinnt, erfährt der Nutzer, von dem gepinnt wurde, dass es einen gibt, und entschließt sich nicht selten, einem zu folgen. Sie sollten, wenn Sie das Ziel einer möglichst großen Verbreitung Ihrer Pins mittels Ihres Accounts haben, mindestens 30 Prozent der Pins repinnen. Dabei sollten Sie natürlich darauf achten, dass die Pins schön sind – erheblich wichtiger ist jedoch die Identifikation von Fans. Wenn diese dann noch viele Follower haben und regelmäßig pinnen, ist das umso besser. Kann man solche Personen zum Folgen bewegen, sorgt das für eine hohe Viralität – Verbreitung – der eigenen Pins. Ansatzpunkte für solche Pinnwände können beispielsweise sein:

1. Produkte im Einsatz
2. Produkte an bestimmten Orten

3. Ergebnisse der Produktverwendung
4. Lustige Einsatzmöglichkeiten
5. Repins von Partnern

Alternativ können Sie natürlich Nutzer – sofern diese vertrauenswürdig erscheinen – zu Gruppen-Boards einladen. Wenn man sich die wirklich erfolgreichen Accounts auf Pinterest anschaut, so stellt man fest, dass diese weniger wie sachliche Kataloge wirken, sondern eher magazinartig. Ich habe bei manchen Pinnwänden, die Unternehmen anlegen, mitunter den Eindruck, dass diese eher aussehen wie ein Workbook im B2B-Geschäft.

In Abbildung 3.14 sehen Sie ein Sport-Board von Nordstrom, einem der erfolgreichsten Bekleidungshändler auf Pinterest. Die Bilderfolge ist abwechslungsreich. Produktbilder folgen auf Action-Bilder – es werden Bilder von Lebensmitteln eingemischt. So macht es viel mehr Laune, der Pinnwand zu folgen, als dies bei einer schnöden Wand der Fall ist, bei der man immer die vier gleichen Models sieht, die mitunter auch noch das gleiche Kleidungsstück in verschiedenen Farben tragen.

Abb. 3.14: *Ein Nordstrom Board*

3.6.3 Gruppen-Boards

Ein Gruppen-Board ist eine Pinnwand, auf die Sie nicht alleine pinnen, sondern auch noch andere dazu einladen. Die Einladung ist in diesem Fall ebenso obligatorisch wie auch die Tatsache, dass Sie nur Nutzer einladen können, denen Sie auch folgen – mindestens einer ihrer Pinnwände. Eine Ausnahme hiervon gibt es nur, wenn Sie die E-Mail-Adresse der Person kennen. Diese muss auch keinen Account bei Pinterest haben.

Gruppen-Boards sind eine Möglichkeit, die Zahl der Follower stark zu erhöhen, da die Pins, die auf die Pinnwand gemacht werden, nicht nur von den eigenen Followern gesehen werden, sondern auch von den Account-Followern der Board-Teilnehmer. Durch diese – fast schon – Multiplikation der Gefolgschaft eignen sich Gruppen-Boards besonders zur starken Verbreitung wichtiger Botschaften. Themenbereiche können die im oberen Abschnitt zu Boards für Repins genannten sein. Zusätzlich sollte ich an dieser Stelle noch darauf hinweisen, dass geheime Boards (vgl. Abschnitt 3.6.4 »Geheime Boards«) auch als Gruppen-Boards betrieben werden können.

Einladen

Um Nutzer zu einem Gruppen-Board einzuladen, gehen Sie bitte in den Editiermodus der vorgesehenen Pinnwand. Dort gibt es das Feld »Wer kann pinnen?« Geben Sie dort die Anfangsbuchstaben der Person ein, die Sie einladen möchten. Klicken Sie auf EINLADEN – fertig.

Allerdings sollte man beachten, dass die eingeladenen Pinner auch Rechte haben. Sie dürfen nicht nur pinnen. Sie selbst behalten folgende Rechte:

1. Nur Sie dürfen den Titel eines Boards ändern.
2. Nur Sie dürfen die Beschreibung der Pinnwand ändern.
3. Nur Sie dürfen Pinner wieder von einem Board entfernen. Selbst dürfen Sie dies natürlich auch verlassen.
4. Nur Sie dürfen alle Pins auf dem Board auch wieder löschen, die Pinner haben nur den Zugriff auf ihre eigenen Pins und dürfen auch nur diese löschen.

Eingeladene Pinner dürfen pinnen, ihre eigenen Pins editieren und auch wieder löschen sowie – und das ist schon ein wenig gefährlich: Sie dürfen auch andere Pinner einladen.

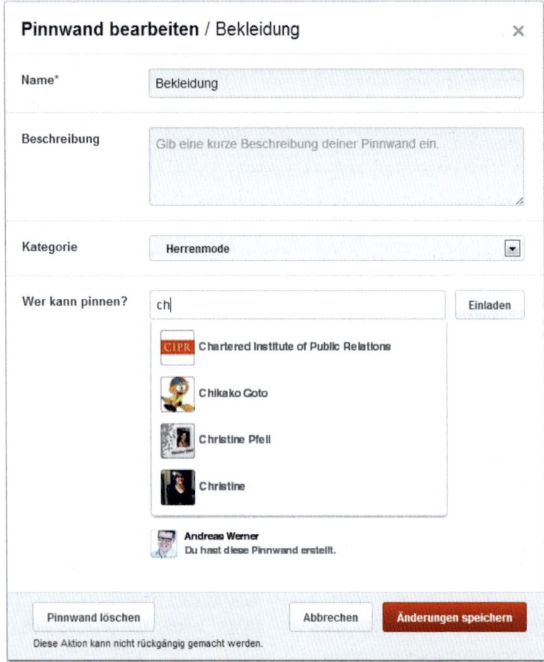

Abb. 3.15: *Nutzer zur Pinnwand einladen*

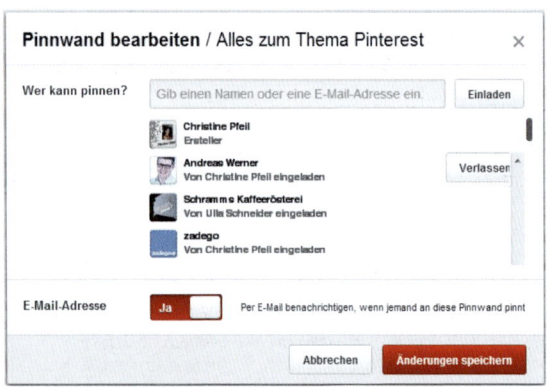

Abb. 3.16: *Mitglieder dürfen einladen.*

Spam vermeiden

Diese Möglichkeit ist sozusagen ein weit offenes Scheunentor für Spammer. Da diese mehr oder weniger unfreundliche Klientel an der möglichst starken Verbreitung der eigenen Pins interessiert ist, sind solche Accounts stets auf der Suche nach Gruppen-Boards mit vielen Mitgliedern. Sie haben ähnliche Boards oder legen solche an. Dann folgen sie Ihrem Gruppen-Board und warten auf eine Einladung von Ihnen. Ist das passiert, versenden die Spammer in kürzester Zeit enorm viele Einladungen an Kollegen. Sie werden dann Ihre liebe Mühe haben, den Spam-Accounts die Rechte auf Ihr Board zu entziehen und die Pinnwand von unliebsamem Material zu befreien. Seien Sie also vorsichtig, wenn Sie Accounts, die Sie nicht kennen, zu einer Pinnwand einladen.

> **Tipp**
>
> Spam-Accounts erkennt man daran, dass sie in der Regel selbst sehr wenige eigene Follower haben, aber vielen anderen Boards oder Accounts folgen. Früher fehlten jegliche Angaben über den Namen hinaus – mittlerweile sind häufig eigenartig standardisiert erscheinende Wohnorte in den USA angegeben, Bilder in Großaufnahmen werden vermieden und die Namen der Accounts enthalten meist noch einen Zahlzusatz (beispielsweise SammySmith859c). Das wichtigste Merkmal sind sicher viele Gruppen-Boards, denen ein Account folgt.

Mitgliederzahl erhöhen

Suchen Sie also ruhig nach Leuten, die viel von Ihrer Website pinnen. Das geht ganz leicht, indem Sie eine Adresse wie die folgende aufrufen:

http://pinterest.com/source/IhreDomain.de/[4]

Folgen Sie diesen Boards oder Accounts und laden Sie solche ein, die unverdächtig erscheinen. Diese Nutzer sind die wichtigsten Fürsprecher Ihrer Marke. Sie werden sich über eine Einladung sehr freuen und Ihr Board bereichern.

Mit den Einladungen sollten Sie erst beginnen, wenn Sie – sagen wir – 20 bis 30 Pins auf Ihrer Pinnwand platziert haben. Dann bekommen die Eingeladenen den richtigen Eindruck davon, um was es geht.

---

4. Vor `IhreDomain.de` darf kein `www` kommen.

> **Hinweis**
>
> Wenn man vielen Boards oder Accounts folgt, wird der Feed ganz schön schnell voll und unübersichtlich. Solange es nicht möglich ist, mit Listen wie bei Twitter oder Kreisen wie bei Google+ zu arbeiten, gibt es eine nicht wirklich ganz nette Möglichkeit, die Zahl der zu folgenden Accounts zu begrenzen: Folgen Sie Accounts, die Sie einladen möchten, laden Sie diese ein und entfolgen Sie sie nach der Einladung wieder.

Seien Sie bitte nicht zu stürmisch und erhöhen Sie die Zahl der Mitglieder Ihres Community-Boards langsam, sonst besteht die Gefahr, dass Sie Ihre Fans plötzlich mit Pins überschwemmen. Ich erinnere mich noch gut an Aussagen wie »Ich sehe nur noch Lachs« oder »Säulen, nur noch antike Säulen«. Damit ist dann weder Ihnen noch Ihren Fans geholfen. Kontrollieren Sie die Zahl der Pins auf das Gruppen-Board. Wenn es 15 bis 20 täglich sind, ist eigentlich die Grenze erreicht. Da derzeit noch keine Begrenzung einer maximalen Zahl von Pins pro Nutzer oder Board in einer Administrationsoberfläche möglich ist, kann man im Titel des Boards nett darum bitten (vgl. Abbildung 3.17).

Abb. 3.17: *Bitte um Begrenzung der Pin-Zahl auf das Gruppen-Board*

3.6.4 Geheime Boards

Pinterest ist grundsätzlich öffentlich. Was man pinnt, sehen alle. Allerdings hat man die Möglichkeit, maximal drei geheime Boards anzulegen. Gemacht werden kann das auf den Standardweg, indem wie in Abbildung 3.12 ersichtlich, der Geheim-Schalter auf den Wert JA gestellt wird. Alternativ kann man in der Board-Ansicht nach unten scrollen und direkt ein geheimes Board anlegen. Die für die normalen Boards wichtigen Werte BESCHREIBUNG und KATEGORIE kann man bei geheimen Boards weglassen, da man sie in der Zukunft sicher nicht veröffentlichen möchte. Wollen Sie allerdings eine Pinnwand geheim vorbefüllen, um sie dann später zu veröffentlichen, dann sollten Sie die Werte eintragen, damit sie später nicht vergessen werden.

> **Wichtig**
>
> Nur maximal drei geheime Pinnwände sind möglich.

Privat

Ein Beispiel für Boards, die später veröffentlicht werden sollen, können virtuelle Hochzeitstische bzw. Wunschlisten sein. Man kann all seine Wünsche darauf pinnen, die Pinnwand zum gegebenen Zeitpunkt veröffentlichen und sogar die Adresse auf die Pinnwand verschicken. Um die Objekte auf einer Pinnwand sehen zu können, muss man weder bei Pinterest eingeloggt noch Mitglied sein. Natürlich kann man auch ganz geheim Geschenkideen sammeln und später aus dem Fundus leicht und schnell etwas finden.

> **Wichtig**
>
> Einmal veröffentlichte Boards können nicht wieder geheim gestellt werden.

Geschäftlich

Die Funktionalität von geheimen Boards besteht darin, dass man nicht bemerkt, wenn ein Pin daran geheftet wird. Man kann also beispielsweise bedenkenlos auf den Boards von Wettbewerbern wildern und sich die Pins gemeinsam mit Kollegen ansehen. Geheime Boards können auch Gruppen-Boards sein (vgl. Abschnitt 3.6.3 »Gruppen-Boards«). Sie eignen sich also auch für die Zusammenarbeit. Etwas knapp bemessen ist die maximale Zahl von drei Boards schon, wenn man beispielsweise rasch eine Kollektion live schieben möchte. Dann wäre es vorteilhaft, dies zunächst vorbereiten zu können und diese dann zum gewünschten Zeitpunkt öffentlich zu stellen. Beachten sollten Sie allerdings, dass einmal öffentlich gestellte Pinnwände nicht wieder geheim gestellt werden können. Das sollte eigentlich klar sein: Sind sie einmal öffentlich, so kann davon gepinnt werden und das Material verbreitet sich.

3.6.5 Boards sortieren und das Startbild festlegen

Wie festlegen?

Die Reihenfolge von Boards können Sie selbst festlegen. Sie gehen dazu einfach auf Ihre Pinnwandansicht im Account, bewegen die Maus auf das Board, klicken mit der linken Maustaste und halten diese fest. Dann können Sie das Board an die gewünschte Stelle ziehen. Ein Speichern des Ergebnisses ist nicht notwendig. Dies hat allerdings auch zur Folge, dass es leider keinen Button »Abbrechen« oder »Rückgängig« gibt. Wenn Sie etwas verschieben und Ihnen das nicht gefällt, müssen Sie es leider wieder zurückschieben.

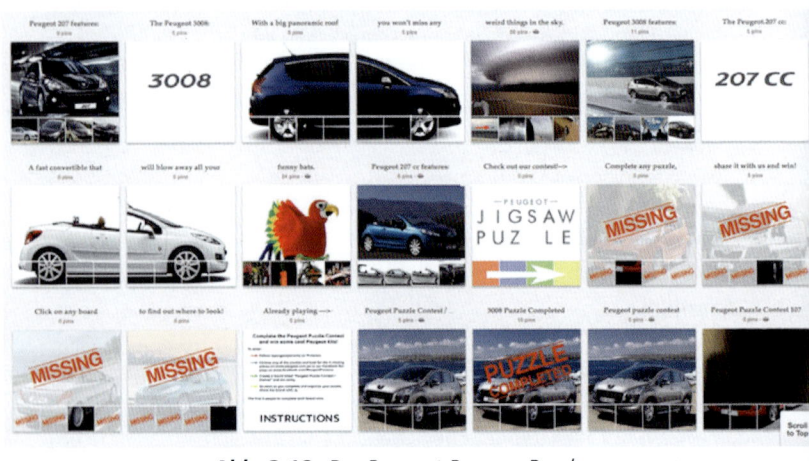

Abb. 3.18: Das Peugeot-Panama-Puzzle

Sind homogene Layouts sinnvoll?

Peugeot Panama[5] hat versucht, ein Spiel durchzuführen und dabei den Account möglichst hübsch erscheinen zu lassen. Das Layout wurde – wenn

---

5. Der Account wurde mittlerweile aus Pinterest entfernt.

ich mich recht erinnere – ursprünglich auf fünf Spalten entwickelt. Sie sehen das in Abbildung 3.18. Hinsichtlich dieser Vorgehensweise gibt es gleich zwei Nachteile, mit denen man sich das Leben unnötig schwer macht:

1. Die Zahl pro Boards ist je nach Bildschirmgröße unterschiedlich. Manchmal sind es tatsächlich sechs, wie es die Agentur vorgesehen hat. Sehr häufig und besonders auf Mobilgeräten sind es noch weniger. Man kann sich also nicht darauf verlassen, was am Anfang einer Zeile steht.
2. Man kann die Reihenfolge der Pins innerhalb eines Boards nicht festlegen. Lediglich das große Board-Hauptbild kann selbst bestimmt werden. Möchten Sie also eine Kachel aus Einzelbildern gestalten, müssen Sie das Bild rechts unten zuerst pinnen und dann rückwärts arbeiten. Anschließend können Sie an diesem Board nichts mehr ändern. Follower werden Sie so kaum gewinnen. Sie sollten eben auch bedenken, dass die Board-Übersicht in Relation zu den übrigen Kontaktmöglichkeiten relativ selten angesehen wird. Sicher – es ist nett für die Nutzer, wenn sie bei einem Bekleidungshersteller die aktuellen Kollektionen oben sehen. Wenn man sich jedoch bemüht Bild zwei, drei, vier und fünf statisch zu belegen, wird man für das Board – wie beschrieben – weder Follower bekommen, noch werden sich die Pins verbreiten. Dies ist erst möglich, wenn Pinterest ein Sortieren der Pins erlaubt oder wenigstens das Festlegen der ersten fünf Plätze ermöglicht, um dann weiterpinnen zu können.

Kapitel 4
Wie funktioniert Pinnen?

4.1	Repinnen – weiterpinnen	88
4.2	Pinnen mit einem Marklet / Pin-It-Button	101
4.3	Wenn sich etwas nicht pinnen lässt	109
4.4	Die Pinterest-Regeln für das Pinnen	111

4 Wie funktioniert Pinnen?

Technisch ist das Anlegen von Pins für Nutzer ein eigentlich ziemlich einfacher Vorgang. In den meisten Fällen handelt es sich um Repins – also um das Weiterpinnen von Pins – Bildern oder Filmen – aus dem eigenen Feed oder solchen, die man über die Suchfunktion gefunden hat. Erst in zweiter Linie handelt es sich um primäre Pins, bei denen Bilder, Filme oder andere Objekte direkt von anderen Websites gepinnt wurden. In diesem Kapitel geht es also zunächst um das Weiterpinnen und erst dann um das primäre Pinnen.

4.1 Repinnen – weiterpinnen

Das Repinnen ist wohl das, mit dem private Nutzer bei Pinterest zunächst beginnen. Schließlich wird man von Pinterest – beim Anlegen eines Accounts – aufgefordert, einigen anderen Nutzern, die beliebt sind und viel pinnen, zu folgen. Wahrscheinlich geht oder ging Ihnen das genauso. Eigentlich handelt es sich um eine ganz einfache Sache.

4.1.1 Der Repin-Vorgang

Abb. 4.1: *Repin eines In-Stream-Pins –* Pin it *anklicken*

Repinnen – weiterpinnen 4.1

Wenn Sie einen Pin in Ihrem Feed oder bei einer Suche sehen, dann können Sie die Maus darüber bewegen, um den PIN IT-Button angezeigt zu bekommen, den Sie auch in Abbildung 4.1 sehen. Mit einem Klick auf den PIN IT-Button öffnet sich ein Dialog. Dazu kommen wir gleich.

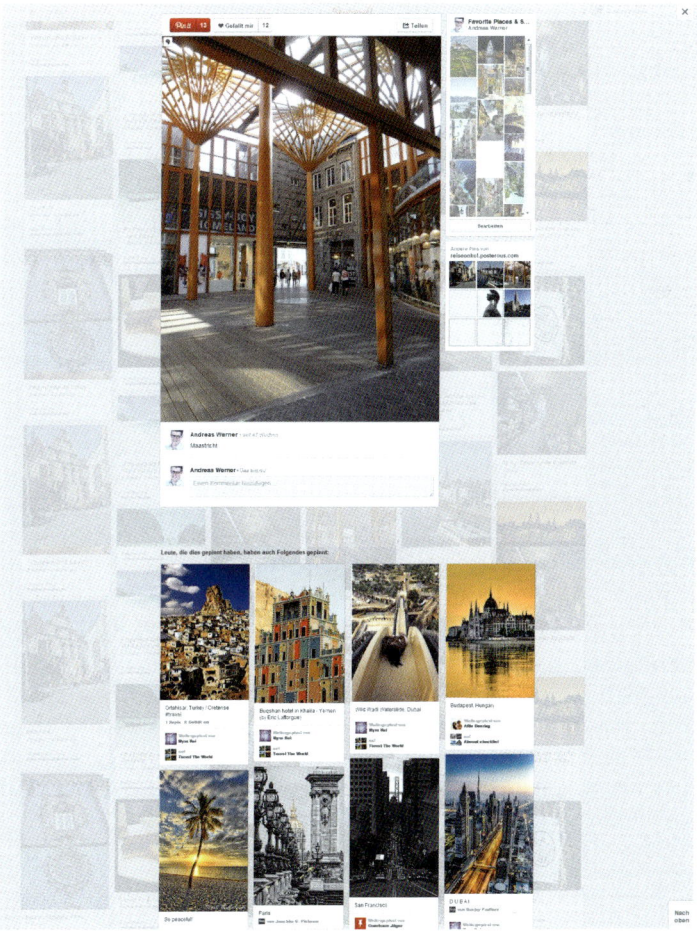

Abb. 4.2: *Ein Pin in der Detailansicht*

Bilder sind oft schöner, wenn man sie etwas größer sieht. Klicken Sie einen Pin an, so gelangen Sie zu der Detailansicht. Klicken Sie nun noch einmal auf das Bild, dann zeigt der Browser die mit dem Bild durch Link verknüpfte Seite an. Wenn Sie in dieser Detailseite auf PIN IT klicken, wird der Repin-Dialog geöffnet – auf Deutsch heißt es »Einen Pin weiterpinnen«.

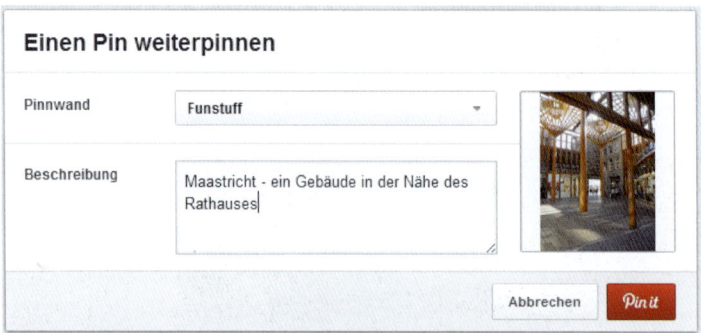

***Abb. 4.3**: Der Weiterpinnen-Dialog*

Sie können in diesem Dialog auswählen, auf welches Board Sie ein Bild oder einen Film pinnen möchten. Im Drop-down-Menü PINNWAND können Sie diese auswählen. Angezeigt wird zunächst die Pinnwand, auf die Sie zuletzt gepinnt haben. All Ihre übrigen Pinnwände erscheinen alphabetisch sortiert im Menü. Ganz oben in diesem Drop-down-Menü gibt es sogar die Möglichkeit, ein neues Pinnboard anzulegen.[6] Dieses sollten Sie dann freilich noch ergänzen. Hinweise hierzu gibt es in Abschnitt 3.6.

Die »Beschreibung« des Pins wird übernommen. Allerdings ist diese editierbar – Sie können also auch einen völlig anderen Text zum Pin verfassen. Dabei bleibt die Adresse des Bildes gleich – also die Website, von der das Objekt gepinnt wurde, ist auch über Ihren Pin aufrufbar. Sie können sich auch ruhig diese Websites anschauen, vielleicht finden Sie darauf noch weitere pinnenswerte Objekte.

---

6. Diese Funktion war neu, als ich getestet habe, und schwer zu bedienen. Wenn dem noch immer so ist: Schreiben Sie bitte den vorgesehenen Titel in das Feld – z.B. »Architektur mit Holz« –, betätigen Sie die ⎡Enter⎤-Taste und klicken Sie direkt auf PIN IT.

4.1.2 Repins bearbeiten – editieren oder löschen

Vielleicht haben Sie jetzt auch überlegt, ob Sie diese Adresse verändern können. Prinzipiell ist dies möglich. Dazu müssen Sie den Pin im eigenen Account suchen. Gehen Sie auf das entsprechende Board. Der Pin erscheint dort als erstes Objekt. Gehen Sie in die Detailansicht des Pins und bewegen Sie Ihre Maus über den unteren Bereich des Bildes oder des Films.

Nun erscheint – wie in Abbildung 4.4 ersichtlich – ein grauer Balken mit der Zieladresse des Bildes. Wenn Sie nun auf der rechten Seite auf den Stift klicken, dann öffnet sich der Editier-Dialog für einen Pin.

Abb. 4.4: *Pin editieren*

Dieser Dialog ist eigentlich dafür vorgesehen, wenn Sie mal einen Fehler gemacht haben, einen Pin beispielsweise auf einer falschen »Pinnwand« platziert haben, was sehr schnell passiert, Sie sich beim Texten vertippt haben und die Beschreibung ändern oder schlichtweg einen Pin löschen möchten.

Vorsicht

Finger weg vom Ändern der Adresse. Das verstößt bei fremdem Material in der Regel gegen die Copyright-Gesetzgebung.

4 Wie funktioniert Pinnen?

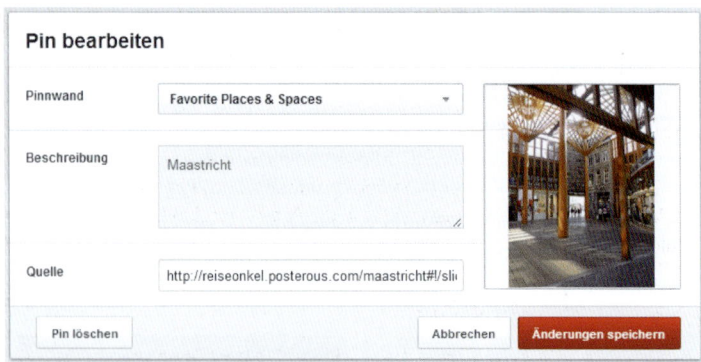

Abb. 4.5: Pins bearbeiten

Die Anpassung der Quelle ist etwas, von dem vor allem private Nutzer die Finger lassen sollten. Eine Änderung entspricht nicht der Pin-Etikette. Sie sollen auf die Quelle der Objekte verweisen. Rechtlich gibt es ein noch gravierenderes Problem. Mit der Abänderung der Adresse wird dem Inhaber des Copyrights an einem Objekt die Möglichkeit zur Erzielung einer Leistung genommen – dem Besuch auf seiner Website und damit verbunden vielleicht Werbeeinnahmen oder andere Umsätze. Seien Sie also vorsichtig. Wenn Sie ein Bild selbst hochgeladen haben, dürfen Sie dieses natürlich mit einer Adresse versehen.

> **Hinweis**
>
> Pinterest akzeptiert keine Shortener, wie beispielsweise bit.ly. Sie können auf diese Weise also keinen Traffic messen. Wenn der Redirect customized ist, funktioniert es bisher noch. Sie müssen also eine eigene Redirect-Domain haben oder eine ausgefallene Applikation benutzen.

Hinsichtlich der geschäftlichen Nutzung von Pinterest ist die Lage etwas anders. In diesem Fall soll der über Pinterest erzielte Traffic – also die damit erzielten Besuche auf der eigenen Website auch gemessen werden. Das ist an dieser Stelle durch die Ergänzung geeigneter Parameter möglich und wird an anderer Stelle genauer erklärt (vgl. Abschnitt 8.8).

> **Hinweis**
>
> Die Nutzungsbedingungen von Pinterest erlauben bei Privat-Accounts keine kommerzielle Nutzung. Prinzipiell dürfen Sie den URLs (Adressen) also auch keine Affiliate-Parameter hinzufügen, auch wenn das technisch funktioniert. Seien Sie also nicht überrascht, wenn die Parameter nach einer gewissen Zeit wieder aus den Adressen verschwunden sind. Pinterest hat dies in der Vergangenheit bereits gemacht und die Parameter durch eigene ersetzt. Schließlich möchte das Unternehmen auch selbst Geld verdienen.

4.1.3 Quellen für Repins

Grundsätzlich gibt es vier Bereiche, in denen Sie nach Pins suchen können – also nach Sachen, die Ihnen gefallen oder die Sie sich für bestimmte Anlässe merken möchten:

1. In Ihrem Feed
2. In Accounts oder Pinnwänden, denen Sie folgen
3. Im Umfeld von Pins, die weitergepinnt oder geliked wurden
4. In der Suchfunktion von Pinterest

Der Feed

Wenn Sie einen Account anlegen, werden Ihnen direkt Accounts und Pinnwände vorgeschlagen, denen Sie folgen können. Das sind einerseits Pinner, die viel pinnen und/oder viele Follower haben, andererseits werden Ihnen, wenn Sie sich mit Facebook oder Twitter anmelden, Freunde aus diesen Accounts vorgeschlagen. Sie werden also gleich direkt am Anfang einen Stream von Bildern und Filmen haben. Mit der Zeit wird sich für Sie ein spannender Feed entwickeln, in dem Sie stetig Material finden, das Freude bereitet. Das ist bei den Pinterest-Normalnutzern der am häufigsten genutzte Weg zum Weiterpinnen.

Accounts & Boards

Besonders wenn Sie einmal einige Tage nicht in Pinterest reingeschaut haben, kann das Gefühl kommen, dass Sie etwas verpasst haben. Vielleicht haben Ihre Lieblings-Pinner ja eine völlig neue Quelle aufgetan. Vielleicht haben Sie aber auch bei Pins, die Sie von einem Pinner übernehmen, festgestellt, dass er diese häufig aus der gleichen Quelle hat. Dann ist es doch naheliegend, einfach den Account aufzusuchen und ein wenig darin zu stöbern. Möglicherweise handelt es sich dabei um Pinnwände, denen Sie selbst folgen möchten, vielleicht möchten Sie auch alles sehen, was der Pinner an seine Boards heftet. Unter jedem weitergepinnten Pin ist die Quelle verzeichnet. In Abbildung 4.6 sehen Sie, dass Marisa von Cláudia weitergepinnt hat.

Abb. 4.6: *Marisa hat von Cláudia weitergepinnt.*

Das Umfeld von Pins

Im Umfeld von Pins, die schon öfter geliked oder weitergepinnt wurden, können Sie noch weitere Quellen für Pins finden. Pinterest hat hier mit der Umstellung seines Layouts im Frühjahr 2013 eine Reihe von nützlichen Funktionalitäten eingeführt.

Im Kopf des in Abbildung 4.7 gezeigten Pins sehen Sie im rechten Bereich des Pin it-Buttons die Zahl der Repins. Wenn Sie die Zahl anklicken, werden Ihnen die Repinner und die Boards, auf die sie den Pin geheftet haben, angezeigt (und bitte nur die Zahl, sonst kommen Sie in den Dialog zum Weiterpinnen). Sie sehen das in Abbildung 4.8. Dabei ist der fett gedruckte Text der Titel des Boards, an den der Repin geheftet wurde. Darunter steht der Name des Pinners.

Wenn Sie die Zahl neben Gefällt mir anklicken, bekommen Sie die entsprechende Ansicht für die »Likes« angezeigt. In Abbildung 4.9 können Sie dies sehen. Wenn Sie eines der Bilder oder den Namen anklicken, kommen Sie zum Account des Pinners. In der oberen rechten Ecke der beiden rechten Kacheln in Abbildung 4.9 ist ein kleiner Haken zu sehen. Dieser steht dafür, dass ein Account verifiziert ist. Das bedeutet, dass der Nutzer eine Website hat, bei der ein Pinterest-Verifizierungscode eingebunden wurde (vgl. Abschnitt 3.4). Vielleicht ist Ihnen auch aufgefallen, dass im Kopfbalken des Pins »Gefällt mir« steht und im Kopf von Abbildung 4.9 »Likes«. Das ist eine Herausforderung, an der Pinterest wohl noch einige Zeit arbeiten muss: Nicht alle zu übersetzenden Bestandteile der Website wurden übersetzt, mitunter ist die Übersetzung auch falsch.

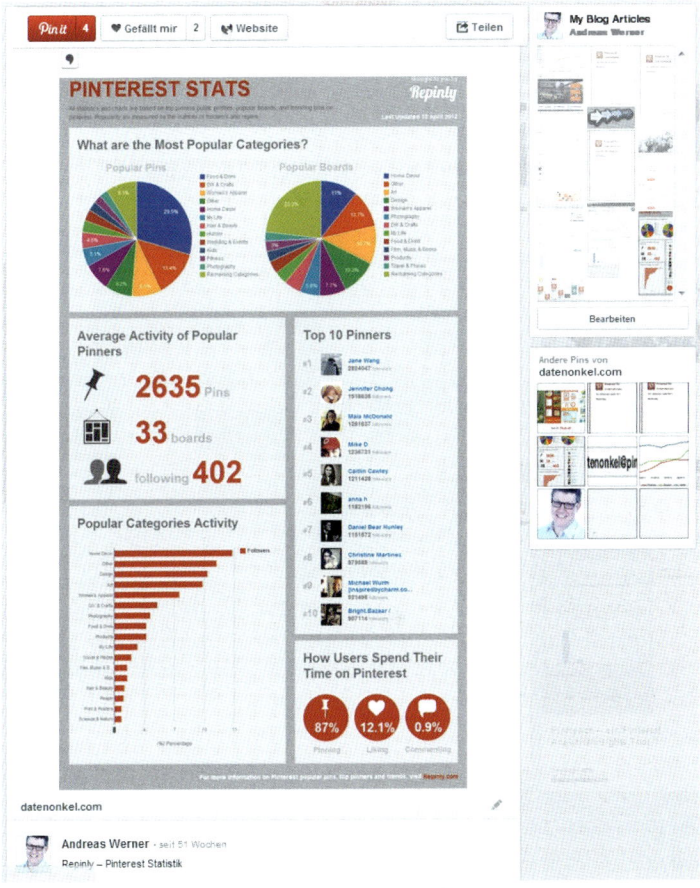

Abb. 4.7: *Oberer Teil eines weitergepinnten Objekts*

Abb. 4.8: *Pinner und Boards, auf die ein Repin geheftet wurde*

Abb. 4.9: *Pinner, die* GEFÄLLT MIR *für einen Pin angeklickt haben*

Natürlich können Sie auch zur Website wechseln, von der gepinnt wurde. Diese kann spannend für primäre Pins sein. Weitere Hinweise darauf, was es auf dieser Website noch zu pinnen gibt, bekommen Sie in der rechten Spalte von Abbildung 4.7, in der zweiten Box von oben ANDERE PINS VON…. Doch dazu kommen wir weiter unten.

Zusätzlich steht im rechten oberen Bereich von Abbildung 4.7 noch das Board, auf das der jeweilige Pin gesetzt wurde. Wenn Sie sich dort also noch nicht bedient haben oder vielleicht glauben, etwas verpasst zu haben, können Sie dort nachschauen. Der Bereich ist sogar scrollbar. Wenn Sie mit der Maus auf ein Bild zeigen, wird dieses hervorgehoben. Bei der eigenen Pinnwand gibt es im unteren Bereich der Box einen BEARBEITEN-Button. Sie können auf diesem Weg in den Bearbeitungsmodus für das Board wechseln. Bei Boards, denen Sie bereits folgen, steht an der entsprechenden Stelle PINNWAND NICHT LÄNGER FOLGEN – Sie können diese also entfolgen. Bei Pinnern, denen Sie noch nicht folgen, erscheint der Text PINNWAND FOLGEN. Sie können also folgen. In Kapitel 7 gehe ich noch genauer auf das Folgen ein.

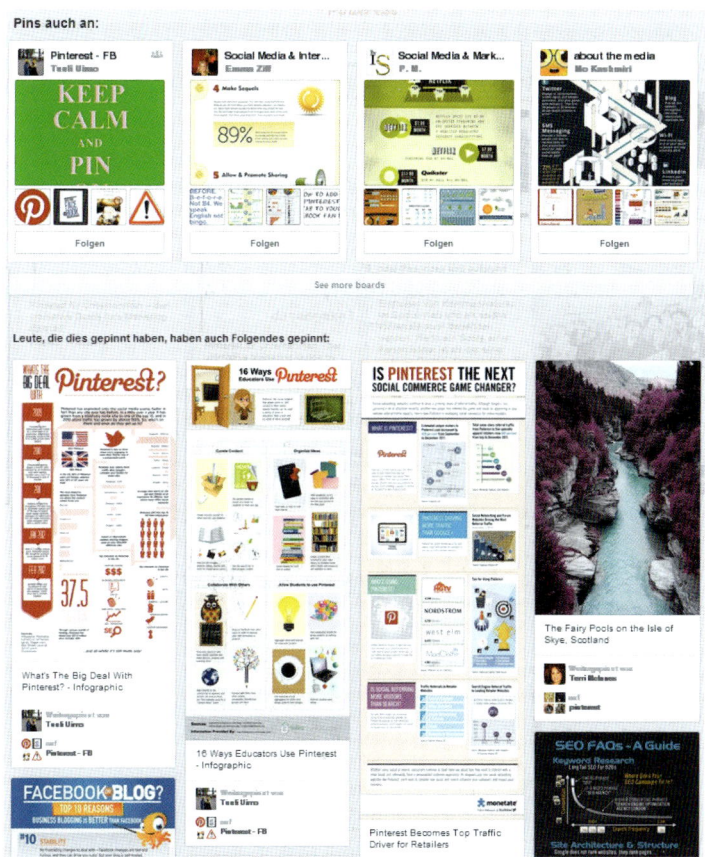

Abb. 4.10: *Unterer Teil eines weitergepinnten Objekts*

Wenn Sie bei Pins, die bereits repinnt wurden, ein bisschen nach unten scrollen, haben Sie es noch etwas leichter. In Abbildung 4.10 sehen Sie im oberen Teil bereits direkt Kacheln der Pinnwände, an die das jeweilige Objekt geheftet wurde. Dort können Sie direkt nach Material suchen oder folgen. Bisher habe ich an dieser Stelle immer maximal vier Pinnwände angezeigt gesehen. Das mag sich auch ändern, wie die in Screenshot noch nicht erfolgte Übersetzung von SEE MORE BOARDS, was ich mit »Weitere Pinnwände anzeigen« übersetzen würde.

Unter den Boards, die nach meiner Erfahrung die sicherste Quelle für Pins zu bestimmten Themen sind, werden dann einzelne Pins der Leute angezeigt, die ein Objekt weitergepinnt haben. Hier kann man häufig auch rasch weitere Pins zu passenden Themen finden. Neben dem Pinnen aus dem Stream suchen Leute häufig Material, um ein bestimmtes Board zu füllen. Dann hat man Glück und darf gleich eine Reihe passender Pins übernehmen.

Die Suchfunktion benutzen, um Pins zu finden

Die Suchfunktion bei Pinterest lässt sich in zwei Teile unterscheiden:

- Kategoriensuche
- Freitextsuche

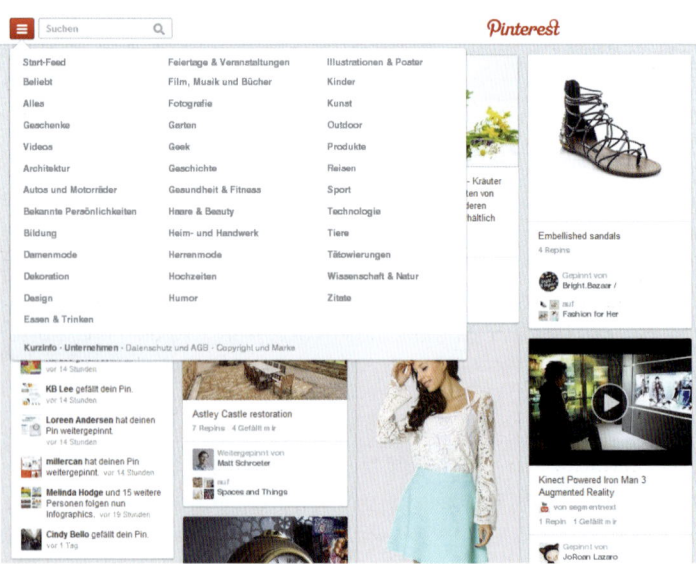

Abb. 4.11: *Kategoriensuche bei Pinterest*

Kategoriensuche

Über das Zeilensymbol ganz oben links im Browser können Sie die Suchkategorien von Pinterest ausklappen. Diese Kategorien sind womöglich gröber als das, was Sie jeweils suchen. Ein Nachteil muss das freilich nicht sein. So bekommt man Anregungen über den Tellerrand des »Start-Feeds« hinaus – also der Stream der Pins von Accounts und Boards, denen Sie folgen. Daneben gibt es noch die allgemeinen Kategorien »Beliebt« und »Alles«. Die übrigen Kategorien sind thematisch. Die Kategorienzuweisung erfolgt über die Pinnwände. Man muss also der Pinnwand sagen, ob es um »Damenmode« oder »Herrenmode« geht. Entsprechend werden die Pins in den jeweiligen Feeds angezeigt. Wenn nun also – um im Beispiel zu bleiben – eine Herrenhose auf ein mit »Damenmode« kategorisiertes Board gepinnt ist, wird sie in einem unpassenden Feed angezeigt. An diesem »Fehler« ist Pinterest also nicht wirklich schuld. Es handelt sich oft um die Nachlässigkeit eines Pinners oder einer Pinnerin. Sicher kann man sich auch vorstellen, dass Leute auf die Idee kommen, Pins absichtlich in falsche Kategorien zu posten, um ein Publikum zu erreichen, das sie ansonsten nicht erreichen würden – Schlankheitspillen in der Kategorie »Essen & Trinken« ist ein Beispiel, das nicht selten vorkommt.

Leider sind so manche Kategorien noch dadurch verunreinigt, dass Pinterest mit weitaus weniger Kategorien begonnen hat, diese nach und nach ausweitete, aber die Nutzer häufig keine Neukategorisierung ihrer Boards vornahmen.

Freitextsuche

Die Pinterest-Freitextsuche (Abbildung 4.12) können Sie benutzen wie jede andere Suche auch. Allerdings ist die Suche multifunktional. Wenn Sie in das Suchfeld einen Suchbegriff eingeben, bei dem es zu Übereinstimmungen mit dem Titel eines Ihrer Boards oder einem Account oder Board, dem Sie folgen, kommt, wird dies unterhalb des Suchfensters angezeigt. Das ist es aber nicht das, um das es hier geht.

Wenn Sie eine Suche durch Klick auf die Lupe oder mit `Enter` abschicken, erscheint über dem Ergebnis-Feed die Kategorisierung. Die Ergebnisse werden eingeteilt in:

- Pinnwände
- Pins
- Pinner

4 Wie funktioniert Pinnen?

Man sieht das oben rechts in Abbildung 4.12. Sie können also gezielt nach »Pinnwänden« suchen, die bestimmte Inhalte haben und diesen folgen. Das ist auf den ersten Blick auf jeden Fall lohnend, wenn Ihnen die Inhalte gefallen. Ein zweiter Blick kann dennoch hilfreich sein, wenn Sie nicht einfach so allem und jedem folgen mögen.

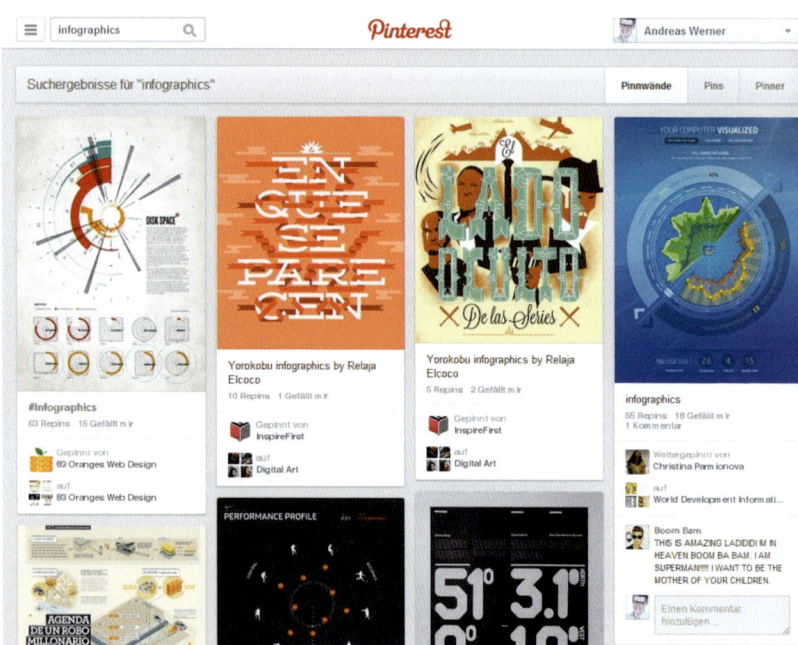

Abb. 4.12: *Die Pinterest-Freitextsuche*

Tipp

Wenn Sie eine Pinnwand gefunden haben, die Ihnen gefällt, dann schauen Sie sich am besten stichprobenartig den ersten und einige weitere Pins an. Hinter dem Icon und Namen des Pinners in der Detailansicht steht, vor wie vielen Minuten, Stunden, Tagen oder Wochen die Pins gesetzt wurden. Sie erfahren so, ob der Pinner noch aktiv ist. Wenn Sie es ganz genau wissen wollen, gehen Sie auf den Account und schauen unter PINS beim obersten Pin nach. Dann sehen Sie die letzte Pin-Aktivität des Nutzers.

In der Kategorie »Pins« finden Sie Pins, die Ihren Suchbegriff primär in ihrem Text tragen. Sie können also nach Lust und Laune den Feed der Ergebnisse durchsehen. Dabei wird Ihnen vielleicht auffallen, dass es Pins gibt, die sehr häufig im Feed auftauchen. Warum das so ist, ist nicht ganz klar. Mitunter sind es eben schon sehr viele Treffer. Auch wenn man versucht, herauszufinden, warum wie sortiert wurde, kommt man leider nicht sehr weit. Die Beliebtheit und der Zeitfaktor scheinen schon wichtig zu sein. Allerdings werden diese noch mit einer gehörigen Portion Zufälligkeit gewürzt. An anderer Stelle werde ich noch etwas ausführlicher auf diese Herausforderung eingehen.

Manchmal suchen Sie vielleicht auch »Pinner« oder Leute, die ihr Interessengebiet im Namen tragen. Das funktioniert alles ganz leidlich und nach anfänglichen Schwierigkeiten bei der Umstellung des Layouts sieht das, was Pinterest zeigt, auch hübsch und hilfreich aus. Die Darstellung entspricht dem, was bei den »Likes« gezeigt wird (vgl. Abbildung 4.9).

4.2 Pinnen mit einem Marklet / Pin-It-Button

Frische Pins kommen hauptsächlich zu Pinterest, indem sie mit einem Marklet gepinnt werden. Ein Marklet ist eine Erweiterung für Ihren Browser – ähnlich einem Bookmark in der Bookmarkleiste. Das Marklet sieht genauso aus wie ein Bookmark, erfüllt jedoch eine Funktion – es macht also etwas. Im Fall von Pinterest können Sie es anklicken, wenn Sie sich mit Ihrem Browser auf einer Seite im Web befinden, von der Sie ein Bild pinnen möchten. In den meisten Fällen – leider nicht immer – funktioniert dieses Verfahren. Die Details erkläre ich weiter unten. Pinterest unterscheidet hier zwischen dem PIN IT-Button und dem Bookmarklet. Letztlich funktionieren beide gleich.

4.2.1 Das Marklet

Installation

Gleich, was Sie nehmen möchten – das Bookmarklet, weil es der Klassiker ist und die erste Möglichkeit des Pinnens war, oder den PIN IT-Button, weil er schöner ist – in beiden Fällen müssen Sie *about.pinterest.com* aufrufen und dann die Goodies anklicken. Sie sollten in dem Browser, den Sie benutzen, bei Pinterest angemeldet sein. Öffnen Sie dann ein neues Fenster und öffnen Sie die *about.pinterest.com*-Seite. Benutzen Sie bitte nicht Microsofts Internet Explorer dazu, selbst in der von Pinterest als kompatibel angegebenen Version sieht die Seite ganz fürchterlich aus und Pinterest funktioniert nicht gut. Nachdem Sie GOODIES angeklickt haben, suchen Sie auf der Seite die entsprechende Stelle. Die Seite sieht zumindest so ähnlich aus wie Abbildung 4.13. Je nach Browser kann die Darstellung etwas anders sein und natürlich kann sich Pinterest dazu entscheiden, die Grafik zu ändern.

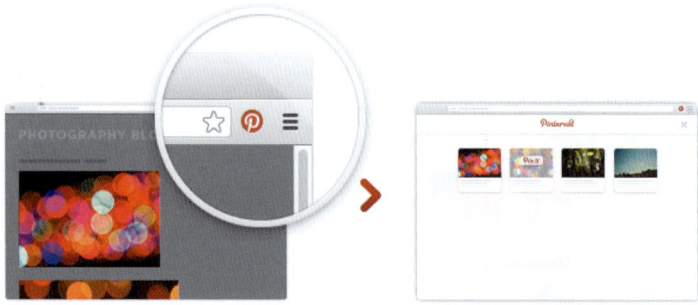

Abb. 4.13: *Der* PIN IT *-Button*

Der PIN IT-Button lässt sich auf jeden Fall ganz einfach installieren. Sie müssen auf der Seite einfach nur den Installations-Button anklicken und schwupps, erscheint der Button an der Tool-Leiste Ihres Browsers. Wenn Sie das Bookmarklet benutzen möchten oder der Button für Ihren Browser nicht zur Verfügung steht, dann müssen Sie das Marklet einfach nur mit der Maus anklicken und mit gedrückter linker Maustaste auf Ihre Bookmark-Leiste ziehen.

Pinnen

Wenn Sie auf einer Seite im Web ein Bild sehen, das Sie pinnen möchten, dann müssen Sie einfach nur den PIN IT-Button oder das Bookmarklet anklicken – auf meinem Instagram-Account könnte das z.B. die Jasmin-Blüte in Abbildung 4.14 sein.

4.2 Pinnen mit einem Marklet / Pin-It-Button

Abb. 4.14: *Pin-Stoff Jasmin-Blüte*

Auch ohne eingeloggt zu sein, funktioniert das. In diesem Fall bekommen Sie ein Anmeldefenster zu sehen (Abbildung 4.15). Wenn Sie sich auf Ihrem Rechner bei Pinterest nicht abmelden und permanente Cookies erlauben, dann werden Sie das Fenster kaum zu Gesicht bekommen. Auch die Tatsache, dass Sie zum Zeitpunkt des Pin-Versuchs bei Facebook oder Twitter angemeldet sind, erübrigt eine ausführliche Anmeldung – das Social Login ist ausreichend, wenn Sie Ihre Accounts verknüpft haben (vgl. Abschnitt 3.1.1).

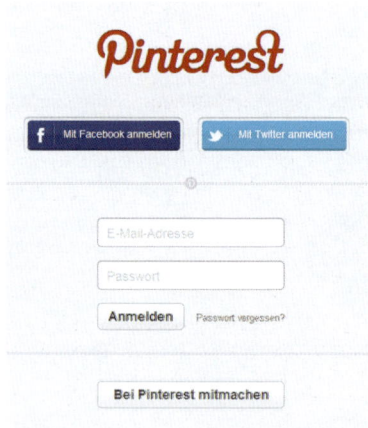

Abb. 4.15: *Das Pin-Anmeldefenster*

Sobald Sie angemeldet sind, erscheint das Fenster in Abbildung 4.16. Nun müssen Sie das Bild nur noch anklicken, um einen Schritt weiterzukommen. Was in diesem Fall noch ganz einfach aussieht, kann doch erheblich schwieriger werden, wenn sich nicht nur ein pinnbares Bild auf der Seite befindet. An dieser Stelle können Sie den Pin-Vorgang übrigens auch wieder abbrechen – indem Sie in der rechten oberen Ecke des Browsers auf CANCEL klicken.

Abb. 4.16: *Pin auswählen*

Beim nächsten Schritt bekommen Sie die Möglichkeit, den Pin noch zu editieren. Dabei können Sie das Board – die Pinnwand – auswählen, auf dem der Pin platziert werden soll. In der Auswahlmaske erscheint die zuletzt ausgewählte Pinnwand als Voreinstellung – das ist auch praktisch so, weil man häufig mehrere Pins einer Gattung pinnt. Sie können also das gewünschte Board auswählen. Im darunter befindlichen Textfeld steht schon ein Text. Manchmal ist es nur der Dateiname, den das Bild im HTML-Code der Seite trägt, von der Sie gepinnt haben. Im Fall von Abbildung 4.17 war es der Alternativtext, der für das Bild auf der Website eingegeben wurde. Dieser Code sieht beispielsweise so aus:

```
<img class="photo" src="http://distilleryimage7.ak.instagram.com/
f93f0a2ab32911e1b00112313800c5e4_7.jpg" alt="Photo by andreas_werner" />
```

Unternehmen können dann für ihre Produkte an dieser Stelle auch noch ausführliche Beschreibungen eingeben und sogar Preisangaben platzieren. Damit haben Sie weniger Arbeit beim Pinnen (vgl. auch Abschnitt 6.1.3 Rich Pins). Natürlich können Sie diesen Text auch noch verändern. Sie können beispielsweise noch Begriffe einfügen, die das Bild besser beschreiben als der vorhandene Text. Hier wären das beispielsweise `#Blume #Flower #Jasmine`. Das Zeichen »#« steht dabei für ein Tag. Sie ordnen das Bild damit einer bestimmten Gruppe von Pins zu. Nutzer, die das Tag sehen, können darauf klicken, um zu Bildern der jeweiligen Gruppe zu kommen.

> **Tipp**
>
> Taggen Sie Ihre Pins und schreiben Sie die Beschreibung auch in Englisch, so bekommen Sie mehr Follower.

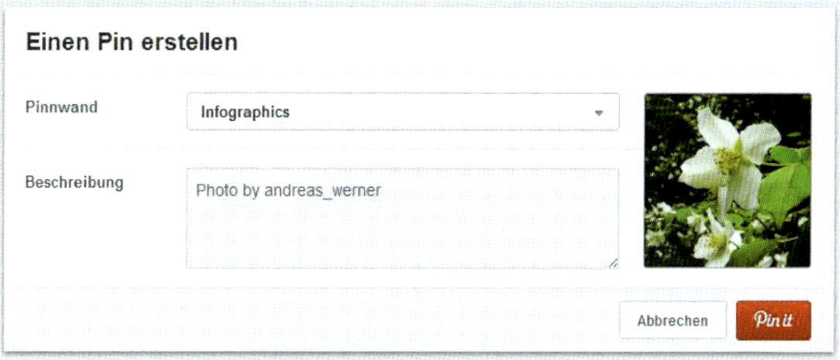

Abb. 4.17: *Einen Pin erstellen*

> **Tipp**
>
> Das Marklet übernimmt auch markierten Text von der Seite in die Beschreibung. Wenn Sie also auf einer Seite einen Text sehen, der den Pin gut beschreiben würde, müssen Sie diesen nur mit der Maus markieren, bevor Sie das Marklet oder den Button anklicken. Der Text wird dann übernommen.

4.2.2 Pin-Hilfen

Wenn viele Bilder auf der Seite sind, kann es schon etwas schwieriger werden. In Abbildung 4.18 ist die Lage sehr viel unübersichtlicher. Für mich war es an dieser Stelle noch erträglich: Ich wollte das Bild oben links pinnen. Dieses unterscheidet sich kräftig von den anderen Bildern. Mitunter ist es allerdings so, dass sehr viele ähnliche Bilder in der Auswahl zu sehen sind. Dann kann man sich beispielsweise an der Größenangabe im unteren Teil der Kacheln orientieren. Oft ist es ja das größte Bild auf einer Seite, das gepinnt werden soll. Je größer diese Pixelwerte sind, umso größer ist auch das Bild.

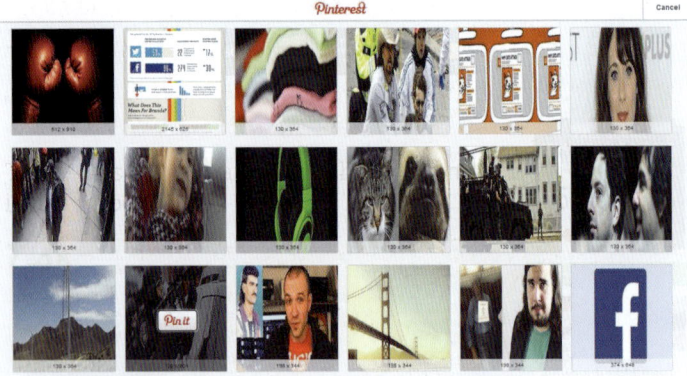

Abb. 4.18: Die Auswahl der Pins kann auch schwieriger werden

Wäre es da nicht viel leichter, wenn man das Bild direkt der Erstellung zuführen könnte und nicht erst über die Auswahl gehen müsste? Prinzipiell gibt es hierfür zwei Ansatzpunkte: Sie können Ihrem Browser eine Erweiterung hinzufügen, dann geht es immer schneller, wenn Pinnen auf einer

Seite möglich ist. Alternativ kann man auf Anbieter vertrauen, die ihre Seiten so aufbereiten, dass das Pinnen einzelner Bilder direkt möglich ist.

Pinnen mit Browser-Erweiterungen

Prinzipiell ist das Pinnen mit Browser-Erweiterungen auch ein ganz einfacher Prozess: Wenn Sie Chrome benutzen, gehen Sie in den Chrome-Webstore und suchen Sie nach »Pin«. In der Ergebnisliste werden Ihnen einige Werkzeuge gezeigt, mit denen die Aufgabe bewältigt werden kann. Bei Firefox müssen Sie unter EXTRAS die »Add-ons« auswählen und ebenfalls nach »Pin« suchen. Leider kann ich Ihnen nicht wirklich konkrete Produkte empfehlen. Der Markt ist sehr kurzlebig. Mein Lieblings-Werkzeug, das ich auch noch immer benutze, kann man beispielsweise nicht mehr laden.

Grundsätzlich gibt es zwei Herangehensweisen, mit denen die Entwickler arbeiten:

1. Beim Mouse-Over, also wenn man mit der Maus über ein Bild geht, wird ein Icon angezeigt, auf das man klicken kann, um das Bild zu pinnen (Abbildung 4.19).
2. Man muss mit der Maus auf das Bild gehen und die rechte Maustaste drücken, dann erscheint ein Eintrag wie z.B. »Pin Image« (Abbildung 4.20).

Abb. 4.19: *Pin-Icon im Chrome-Browser*

Wie funktioniert Pinnen?

In beiden Fällen wird der zweite Schritt – die Auswahl des Bildes – übersprungen, ansonsten bleibt man im ganz normalen Layout des Pinterest-Marklets. Man kann also das Board auswählen und die Beschreibung editieren. Allerdings war die Funktionalität des Marklets bei allen Erweiterungen, die ich getestet habe, beschnitten. Es gibt Werkzeuge, die grundsätzlich den Titel einer Website als Beschreibungstext auswählen, andere nehmen grundsätzlich den Alternativ-Text, der für das Bild angegeben ist. Entscheiden Sie bitte selbst, welches Verfahren für Sie das effizienteste ist. Ich selbst habe das Pinterest-Marklet und eine Browser-Erweiterung, die den Alt-Text übernimmt, installiert. Je nach Zweck wechsele ich ab.

Abb. 4.20: *Firefox Pin Image*

Anbieter von Social Plug-ins

Am angenehmsten ist es eigentlich, wenn Anbieter ihre Seiten auf das Pinnen vorbereiten und entsprechende Plug-ins in ihre Seiten integriert haben. Dabei haben Anbieter die Möglichkeit, das Bild direkt auszuwählen und einen gut vorbereiteten Text für den Pin oder andere Social-Media-Plattformen anzugeben. Sicher – der Anbieter will seine Werbebotschaft verbreiten. Diese noch etwas anzupassen, ist in den meisten Fällen aus meiner Sicht einfacher, als eine völlig neue Beschreibung zu verfassen.

Gerade Unternehmen aus dem Modebereich – beispielsweise ESPRIT – haben sehr früh entsprechende Erweiterungen in ihre Seiten integriert.

Abb. 4.21: *Pinnen per Social Plug-in [Quelle: mashable.com]*

4.3 Wenn sich etwas nicht pinnen lässt

4.3.1 Pinnen verboten

Manchmal – in ganz seltenen Fällen – möchte der Betreiber einer Website nicht, dass Bilder gepinnt werden. Das kann mitunter rechtliche Gründe haben. Dann zeigt Pinterest ein Fenster mit folgender Meldung:

This site doesn't allow pinning to Pinterest. Please contact the owner with any questions. Thanks for visiting!

Ich selbst habe diese Meldung erst ein einziges Mal in freier Wildbahn gesehen und auch dies könnte ein Test gewesen sein. Sollte Ihnen die Meldung begegnen, dann versuchen Sie bitte auch nicht, auf anderen Wegen an das Bild zu kommen – es ist verboten!

4.3.2 Social-Bookmark-Dienste und Frame-Konzepte

Was viel häufiger passiert – wenn Sie beispielsweise Social-Bookmark-Dienste benutzen: Sie kommen auf eine Seite, auf der Sie Bilder sehen, und Pinterest meldet, dass es nichts zum Pinnen gibt.

Diese Dienste erkennen Sie daran, dass sie oben am Kopf eine Leiste haben, wie Sie in Abbildung 4.22 sehen können. In diesen Fällen funktioniert das Marklet nicht und auch viele andere Pin-Hilfen versagen. Sie können dann versuchen, den Bookmark-Dienst zu schließen oder das Fenster unterhalb der Leiste ein weiteres Mal in einem neuen Browser zu öffnen (siehe Abbildung 4.23). Wenn Sie eine Pin-Hilfe benutzen, die über die rechte Maustaste funktioniert, ist auch das manchmal möglich.

Abb. 4.22: *StumbleUpon*

Abb. 4.23: *StumbleUpon-Meldung*

Inzwischen haben sich einige Social-Bookmark-Dienste schon auf Pinterest eingestellt. In Abbildung 4.23 können Sie eine Meldung sehen, in der StumbleUpon darauf hinweist, dass StumbleUpon seine Toolbar schließen muss, damit Sie Ihre Aktion abschließen können. Nachdem Sie gepinnt haben, müssen Sie die Zurück-Taste Ihres Browsers betätigen, um wieder zurück zu StumbleUpon zu kommen – wenn Sie dies möchten.

Manchmal sind die Betreiber von Seiten einfach nicht in der Lage, das Teilen sauber zu ermöglichen. Das passiert dann, wenn fremde Inhalte in Seiten per iFrame integriert werden (müssen). Sie können das sehen, indem Sie mit der Maus in der Nähe des Bildes die rechte Maustaste betätigen. Wenn im Menü dann etwas von »Frame« steht, ist dies der Fall.

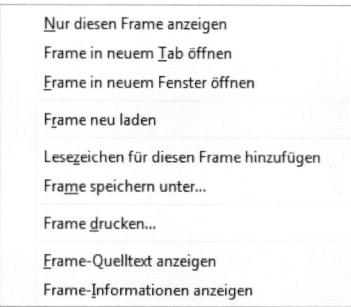

Abb. 4.24: *Browser-Frame-Menü*

Leider ermöglichen es nicht alle Browser, den Frame so darzustellen, dass Pinnen möglich ist. Wenn Sie nun eine der ersten drei Optionen, die Abbildung 4.24 zeigt, vorfinden, dann können Sie selbst entscheiden, welche Sie wählen, und anschließend den Pin setzen:

- Nur diesen Frame anzeigen
- Frame in neuem Tab öffnen
- Frame in neuem Fenster öffnen

Normalerweise funktioniert es dann.

4.4 Die Pinterest-Regeln für das Pinnen

Pinterest kommt aus den USA und es hat feste Regeln dafür aufgestellt, was gepinnt werden darf und was nicht. Ich stelle diese hier einfach da. Aus meiner Sicht ist es mehr als sinnvoll, sich daran zu halten.

4.4.1 Seien Sie respektvoll

Pinterest wünscht sich einen netten Umgang seiner Mitglieder untereinander. Das wünscht man sich nicht nur bei Pinterest. Allerdings scheint mir, dass Pinterest bezüglich des verbalen Umgangs seiner Mitglieder untereinander wirklich das absolut netteste aller Netzwerke ist. In den Kommentaren habe ich bisher noch nicht wirklich bösartige Bemerkungen gelesen. Vielleicht hat das ja auch damit zu tun, dass man letztlich nur Sachen – Bilder und Videos – sammelt, die einem gefallen. Weiterpinnen wird diese Objekte auch nur jemand, dem sie gefallen, und warum sollten Sie sich eigentlich mit Bildern beschäftigen, die Sie stören oder die Ihnen gründlich missfallen? Wenn Ihnen solche Objekte öfter begegnen, entfolgen Sie einfach den Verbreiter. Wenn es noch schlimmer ist, können Sie einen Account auch blockieren oder bei Pinterest melden.

Zu solch drastischen Maßnahmen musste ich bisher nur sehr selten greifen. Ich habe bisher erst ein einziges Mal einen Account blockiert.

4.4.2 Seien Sie Sie selbst

Pinterest empfiehlt Ihnen, authentisch zu sein und möglichst nur solche Sachen zu pinnen, die Ihnen tatsächlich gefallen, und sich nicht alleine darauf zu konzentrieren, viele Follower zu bekommen.

Das ist in der Tat ein wichtiger Vorsatz. Man muss wirklich nicht alles pinnen, was einem vor die Nase kommt. Ich selbst verfolge weitgehend einzelne Boards und ich lasse mich nur zum Verfolgen eines Boards bewegen, wenn ich das Gefühl habe, dass mit Sinn und Verstand gepinnt wird. Ich mag es nicht, wenn mir aufdringliche Werbung untergejubelt wird oder zu schnelle Stilwechsel erfolgen. Vielleicht hängt das aber auch damit zusammen, dass ich auch grundsätzlich wenig folge, weil ich ansonsten keine Möglichkeit sehe, dem Geschehen strukturiert folgen zu können. Das mag sich ändern, wenn das Anlegen von Listen möglich ist – man die Boards und Accounts, denen man folgt, gruppieren kann. Natürlich ist das nur mein persönliches Verhalten und es gibt auch sehr viele Nutzer, die sehr ausgedehnt folgen. Schauen Sie einfach, woran Sie selbst am meisten Spaß haben können. Eine wichtige Regel dabei: Ihre Boards sollen Ihnen auch noch selbst gefallen!

4.4.3 Referenzieren Sie Ihre Inhalte richtig

Eigentlich sollte es nicht notwendig sein, darauf hinzuweisen. Pinterest nutzen heißt sammeln. Gesammelt wird in der Regel nicht Ihr Eigentum, sondern Material, das auf Pinterest und im Web verfügbar ist. Für die Freude, die Sie mit dem Sammeln dieser Objekte haben, müssen Sie nicht bezahlen. Die Objekte stehen frei zu Ihrer Verfügung – das ist auch wieder nur die Regel und nicht wirklich immer so. Dann sollte man höflich sein und fremdes Eigentum nicht als das eigene verkaufen, Links in ihrer Beschaffenheit so lassen, wie sie sind, und die Pins mit netten Kommentaren versehen, damit weiter ausreichend Material zur Verfügung gestellt wird.

4.4.4 Seien Sie wachsam

Weiter vorn hatte ich geschrieben, dass Pinterest amerikanisch ist. Es gibt Plattformen, auf denen viel nackte Haut gezeigt wird (z.B. Tumblr), und solche, bei denen das nicht erwünscht ist.[7] Dazu gehört Pinterest. Sie müssen nicht, aber Sie können solche Pins melden, indem Sie in der Detailansicht eines Pins mit der Maus auf das Objekt zeigen und auf die kleine Flagge klicken. Dann bekommen Sie das Fenster gezeigt, wie Sie es in Abbildung 4.25 sehen.

Abb. 4.25: *Pin melden*

---

7. Künstlerische Darstellungen sind eine Ausnahme. Fotos von Helmut Newton dürfen Sie also pinnen.

Darin wird noch auf weitere bei Pinterest unerwünschte Kategorien hingewiesen: Spam, Gewaltdarstellungen, Förderung von Selbstschädigungen (z.B. Darstellung von Bulimie mit dem Attribut »schön« in der Beschreibung), Angriff auf eine Gruppe oder eine einzelne Person, Hassreden und -symbole etc.

Ob Sie nun wachsam sind oder nicht – nun wissen Sie, welche Kategorien von Objekten Sie nicht auf Pinterest platzieren oder zu wessen Verbreitung Sie nicht beitragen sollen. Was von Pinterest nicht gesagt wird, Sie aber dennoch beherzigen sollen: Natürlich sollen Sie Inhalte auch nicht fälschlich melden!

4.4.5 Seien Sie mitteilsam

Pinterest ist eine noch recht neue Plattform – und sie wächst sehr stark. Das ist eine besondere Herausforderung für die Betreiber. Gerade bei der Weiterentwicklung kann es hin und wieder haken. Manchmal ist die Plattform träge oder es passieren seltsame Sachen: Das Pinnen funktioniert nicht mehr, Boards lassen sich nicht umbenennen oder sind kurzzeitig verschwunden etc.

Es gibt verschiedene Möglichkeiten, wie Sie auf dem Laufenden bleiben können. Auf Facebook gibt es immer wieder Meldungen, wenn etwas nicht funktioniert *www.facebook.com/pinterest*. Eine weitere wichtige Quelle ist das Help Center *help.pinterest.com*. Dort werden die meisten technischen Probleme behandelt. Wenn etwas noch nicht vorhanden ist, können Sie es eintragen.[8]

Im Help Center kann man übrigens auch Funktionalitäten wünschen. Für mich wären es eben die Listen, die ich oben schon genannt habe, oder eine Sortierfunktion für die Pins.

---

8. Ob es das Help Center auch in deutscher Sprache gibt, müssen Sie leider selbst überprüfen. Im Frühjahr 2013 war es auf Englisch, Spanisch und Portugiesisch verfügbar. Sie können die gewünschte Sprache einstellen, indem Sie oben rechts auf die kleine Flagge klicken.

4.4.6 Rechtliches

Ich bin kein Rechtsanwalt und kann auch keine Rechtsberatung geben. Allerdings ist die Lage bei Pinterest durchaus knifflig, sodass ich hier die Ausführungen von Thomas Schwenke zitiere[9] – einem ausgewiesenen Experten für Social-Media-Recht. Er gibt folgende Empfehlungen:

Einwilligung mutmaßen

Teilen Sie nur Inhalte, wenn Sie sich sicher sind, dass deren Inhaber damit einverstanden sind. Ein guter Hinweis sind Empfehlungsschaltflächen neben dem Inhalt.

Meist klagen Zeitungs- oder Zeitschriften-Verlage hinsichtlich Copyright-Verletzungen. Wenn Sie ganz auf Nummer sicher gehen wollen, nehmen Sie von solchen Websites nur dann Bilder, wenn auch Pinterest als Teilen-Option vorgesehen ist. Auch wenn der gesunde Menschenverstand sagt, dass eine Einwilligung schon dann vorliegt, wenn sich Plug-ins für Facebook, Twitter und Google+ dort befinden und durch das Teilen in jedem Fall auch ein Bild übertragen würde, so kann es sein, dass ein Richter dies anders sieht. Bei Pinterest wird das gezeigte Bild beispielsweise größer dargestellt als auf anderen Plattformen. Eine Einwilligung liegt auf keinen Fall vor, wenn die Seite das Pinnen verbietet (vgl. Abschnitt 6.2). Dann sollten Sie dies auch nicht auf Umwegen versuchen.

Sichere Inhalte teilen

Teilen Sie keine Inhalte, bei denen Sie eine Rechtsverletzung vermuten. Zum Beispiel Bilder, die offensichtlich von einem bekannten Fotografen stammen, oder Texte, die erkennbar Beleidigungen enthalten.

Genau: Auf Pinterest pinnt man schöne Bilder. Pornografie ist ohnehin unerwünscht und würde rasch entfernt werden, ebenso Gewaltdarstellungen. Wenn Sie sich auf einer Seite eines Fotografen befinden, sollten Sie prüfen, ob dieser Social Plug-ins in seine Seiten integriert hat, dann ist es relativ ungefährlich. Sie können auch prüfen, ob der Mensch oder das Unternehmen selbst auf Pinterest aktiv ist, dann sollte es auch keinen Ärger geben. Etwas schwächer, aber auch durchaus als Argument brauch-

---

9. *http://rechtsanwalt-schwenke.de/pinterest-und-die-rechtlichen-grenzen-beim-teilen-und-verlinken/*

bar: Sie können mit der Source-Funktion überprüfen, ob schon sehr viel von der Website gepinnt wurde – also beispielsweise mit *http://pinterest.com/source/esprit.de/* – dann sollte der Betreiber auch keine Einwände haben. Völlig sicher ist dieses Verfahren allerdings nicht.

Quellenangabe

Die moralische »Gegenleistung« beim Teilen ist der Link zur Originalquelle. Daher sollten Sie zusehen, dass die geteilten Inhalte die Quelle immer erkennen lassen. So sinkt das Risiko, dass jemand unzufrieden mit Ihrem Share ist.

Letztlich heißt das nur, dass die Ziel-URL des Bildes immer auf die Seite führen muss, die ursprünglich angegeben war. Ein eingebauter Redirect verändert dies nicht, ebenso eine Affiliate-ID – obwohl diese durch die Nutzungsbedingungen von Pinterest untersagt ist.

Auszüge teilen

Teilen Sie nach Möglichkeit keine ganzen Texte, sondern nur kurze Auszüge daraus. Teilen Sie nicht alle Bilder aus einer Galerie, sondern nur ein Bild.

Dem ist nichts hinzuzufügen. Es sei denn, es handelt sich um Ihre eigene Seite oder der Betreiber erlaubt dies durch entsprechende Auszeichnungen. Selbst dann kann dies beispielsweise gegen das Wettbewerbsrecht verstoßen, wenn Sie sich durch das Pinnen von zu viel Material einen Wettbewerbsvorteil gegenüber dem Betreiber der Seite verschaffen.

Ausländische Quellen vorziehen

Theoretisch gelten die hier erklärten Grundsätze weltweit. Praktisch wird es sich selten lohnen, Ihre Urheberrechtsverletzung aus dem Ausland zu verfolgen.

Das ist in der Tat immer eine gute Lösung. Dennoch sollten Sie die übrigen Punkte dieser Empfehlung beachten.

Spuren vermeiden

Teilen Sie Inhalte innerhalb von Plattformen, die sich nicht so einfach durchsuchen lassen (Facebook, Google Plus).

Tja – Pinterest ist größtenteils öffentlich und noch dazu lassen sich die Pins von einer bestimmten Website identifizieren. Das ist eigentlich ganz doof und noch gibt es kein mir bekanntes Urteil hinsichtlich des Weiterpinnens von Copyright-geschütztem Material. Aus meiner Sicht kann man von einem Nutzer auf Pinterest nicht erwarten, dass er bei jedem Repin prüft, ob das primäre Pinnen erlaubt war oder nicht. Hierzu wird dringend ein entsprechendes Urteil benötigt, um den Nutzern ein wenig mehr Rechtssicherheit zu geben. Aus meiner Sicht ist dies zu hoffen, da Pinterest für wirklich viel Referral-Traffic verantwortlich ist.

Kapitel 5
Mobilgeräte

5.1 Umgang mit den Apps 120
5.2 Noch ein nettes Werkzeug: pixword 127

Natürlich hat Pinterest Apps für Mobilgeräte. Es hat zwar etwas gedauert, bis die Apple-Liebhaber auch eine entsprechende App für Android zur Verfügung gestellt haben. Dem ist aber mittlerweile so. In Abbildung 5.1 können Sie die offizielle Pinterest-App sehen. Die App gibt es für Android und iOS – beides in angepassten Versionen für Mobiltelefone und Tablets. Wenn Sie in die entsprechenden Stores gehen, installiert sich automatisch die richtige Version.

5.1 Umgang mit den Apps

Die Apps starten gleich auf Deutsch. Das liegt an der eingestellten Systemsprache. Wenn Sie Ihr Mobiltelefon auf Deutsch benutzen, dann haben Sie keine Wahl – die App startet so. Wenn Sie sich anschließend mit Ihrem Facebook-, Twitter-Account oder Ihren Zugangsdaten anmelden, dann ist eigentlich schon alles erledigt.

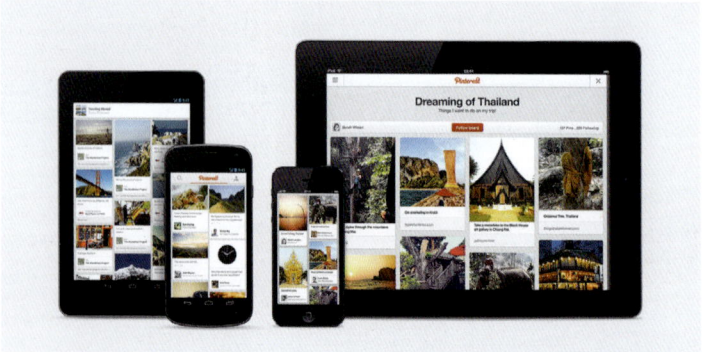

Abb. 5.1: *Die Pinterest-App*

Frische Pins bekommen Sie dann angezeigt, wenn Sie das Pinterest-Logo am Kopf der App antippen. Abgesehen davon, dass ich die App lieber auf Englisch benutze, um nicht hin und wieder einem wilden Sprachgemisch ausgesetzt zu sein, sind die Apps schon eine sehr große Erleichterung. Vorher gab es nur Apps von Drittanbietern. Diese haben oft genug nicht richtig funktioniert haben. So bin ich ganz froh, dass diese Schwierigkeiten weitgehend der Vergangenheit angehören – auch wenn insbesondere das

Pinnen aus anderen Apps als den Browsern mitunter nicht vollständig funktioniert. Aber der Reihe nach. Eigentlich funktioniert die App weitgehend intuitiv.

5.1.1 Weiterpinnen, bearbeiten, verschicken, teilen

Was macht man mit der App? Ich schaue öfter den Feed an und mache ein paar Repins. Das ist recht einfach – nur mit dem winzigen Unterschied, dass man nicht direkt im Feed auf »Pin« tippen kann. Man muss den Pin zunächst öffnen. Bei eigenen Pins ergibt sich dann das Bild aus Abbildung 5.2.

Abb. 5.2: Ein Pin in der App

Man kann den Pin kommentieren, weiterpinnen, bearbeiten und versenden. Das ist das spezielle Verteilverfahren von Pinterest. Dabei kann man den Pin an einzelne Folger weiterschicken. Diese bekommen eine entsprechende Benachrichtigung angezeigt. Für Facebook-Freunde benötigt man zusätzlich eine E-Mail-Adresse. Und auch an diese Adresse kann man direkt per Mail verschicken.

Darüber hinaus gibt es noch das Android-Teilen-Symbol. Für iPhones sieht das Symbol anders aus – ein Pfeil, der sich oben rechts aus einem Kasten schwingt. Mit dieser Funktionalität können Sie den Pin über andere auf Ihrem Mobilgerät befindliche Dienste bzw. Programme teilen. Das kennen Sie wahrscheinlich schon von anderen Apps.

5.1.2 Benachrichtigungen & Einstellungen

Wenn Sie die stilisierte Person in der oberen rechten Ecke antippen, bekommen Sie die Benachrichtigungen angezeigt. Neue Benachrichtigungen bekommen am linken Rand einen roten Balken. Vielleicht müssen Sie, wenn Sie in Ihre App sehen, auch nicht immer »soeben« unter jeder Benachrichtigung sehen. In der Version 1.5.5, die ich derzeit benutze, funktioniert die angezeigte Zeit nicht.

Das wichtigste Element des Screens ist leider nur sehr schwach zu sehen. Dabei handelt es sich um das blassgraue Rädchen, das Sie in Abbildung 5.3 rechts neben Ihrem Foto sehen können. Wenn Sie dies antippen, können Sie:

- Zu Ihren Kontoeinstellungen gelangen
- Facebook-Freunde finden
- Freunde einladen
- Zur Hilfe gelangen (Achtung: Aufruf einer externen Seite in einem Browser)
- Die AGB aufrufen
- An einer Erläuterungs-Tour teilnehmen
- Sich abmelden

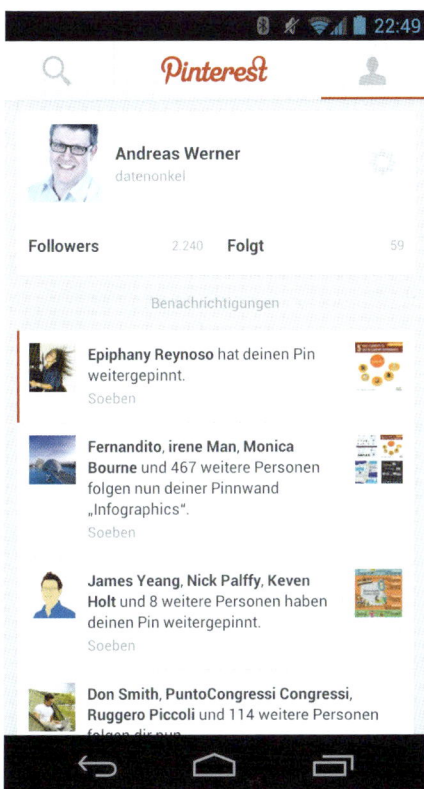

Abb. 5.3: *Profilansicht und Benachrichtigungen in der Android-App*

Die Kontoeinstellungen sind aus meiner Sicht der eindeutig wichtigste Punkt. Dort kann man einige Sachen einstellen, die nur die App betreffen und die man derzeit nicht im Web-Account konfigurieren kann. Dabei handelt es sich um die folgenden Punkte:

- Benachrichtigungen für Mobilgeräte
- Die letzten Suchvorgänge löschen
- Die letzten Kontakte löschen

Auf meinem Mobiltelefon aktualisiert sich die App automatisch. Ich war schon sehr überrascht, als ich am Kopf des Telefons plötzlich Benachrichtigungen sah. Eigentlich wollte ich diese nicht, weil sie – jetzt da ich diesen Text schreibe – noch sehr unzuverlässig funktionieren und ich bereits Benachrichtigen per E-Mail bekomme (vgl. Abschnitt 3.1.4). Wenn man das Menü aufruft, dann sieht es dem von der Website sehr ähnlich. Sie können sich also über alle Aktionen informieren lassen, die Sie anhaken. Entsprechend der Standard-Einstellung sind alle aktiv. Probieren Sie einfach aus, ob alles so funktioniert, wie Sie es wünschen. Sollte dem nicht so sein, dann bleiben noch die E-Mail-Benachrichtigungen.

Die Löschoptionen sind Spezifika von Apps. Diese können sich Nutzeraktionen merken. Das erleichtert später mitunter die Benutzung. Wenn man mehr Privatheit wünscht, kann man die letzten Suchvorgänge und Kontakte jeweils löschen.

5.1.3 Mobile Primärpins

Wenn Sie mobil primäre Pins setzen möchten, haben Sie zwei unterschiedliche Möglichkeiten: Sie können in der App beginnen oder mit den Systembestandteilen Ihres Mobilgeräts arbeiten.

Aus der App pinnen

In Abbildung 5.4 sehen Sie die Optionen, die Ihnen Pinterest zum Setzen eines primären Pins in der Android App anbietet. Sie erreichen dieses Menü, wenn Sie oberhalb des Feeds auf PIN ERSTELLEN tippen. Pinterest ist an dieser Stelle eigentlich ziemlich weit.

Sie können ein Foto aufnehmen und daraus einen Pin machen. Allerdings hatte ich bei meinem ersten Versuch leichte Verständnis-Schwierigkeiten.[10] Anders als beispielsweise bei Instagram geht der ganz normale »Fotoapparat« des Systems auf und sieht mit Ausnahme eines kaum sichtbaren Häkchens in der rechten unteren Ecke auch ganz genauso aus. In Abbildung 5.5 sehen Sie die drei zur Verfügung stehenden Symbole, hinter denen sich Funktionen verbergen. Wenn Sie auf das X tippen, schließt sich

---

10. Auch wenn es sich um die normalen Funktionalitäten des Android-Systems handelt, auf die Apps zugreifen dürfen.

die Anwendung. Ihr Bild wird nicht gespeichert. Wenn Sie auf das Kreis-Pfeil-Symbol tippen, wird das aufgenommene Foto verworfen und Sie können ein neues aufnehmen. Wenn Sie das Häkchen auf der rechten Seite antippen, wird das Foto verwendet und Sie landen im Pin-Bildschirm (vgl. Abbildung 5.2).

Abb. 5.4: *Aus der Pinterest-App pinnen bei Android*

Abb. 5.5: *Die Symbole der Pinterest-App*

Ich selbst würde wahrscheinlich eher mal ein Bestehendes Foto auswählen. Mit dieser Funktion gelangen Sie in die Galerie Ihres Mobilgerätes und können bequem ein Foto auswählen – derzeit leider noch keinen Film. Danach geht es weiter mit dem ganz normalen Pin-Prozess. Dieses Verfahren gibt es derzeit leider nur für Android.

Die Option Von einer Website ist aus meiner Sicht lediglich der Vollständigkeit geschuldet. Viel anfangen kann man damit nicht. Um damit pinnen zu können, muss man die Adresse der Seite kennen, von der man pinnen möchte, oder diese wenigstens im Zwischenspeicher haben. Beides ist zu kompliziert. Man nutzt besser die ohnehin vorhandenen Sharing-Funktionalitäten seines Mobilgeräts.

Mit Systembestandteilen des Mobilgeräts arbeiten

Erheblich einfacher ist es, mit den Systembestandteilen seines Mobiltelefons zu arbeiten. Man tippt einfach in der jeweiligen Anwendung auf das Sharing-Symbol, dann auf das Pinterest-Icon und kann loslegen (vgl. Abbildung 5.6) – leider derzeit nur auf Android. Für das iPhone sollte Pinterest noch etwas nacharbeiten.

Bei meinen Tests funktionierte dieses Verfahren immer so lange, wie ich mich innerhalb von Systembestandteilen oder Browsern bewegte. Bei der einen oder anderen App gibt es Schwierigkeiten. Bei Flipboard weiß ich beispielsweise nie, ob das Pinnen funktioniert oder nicht. Manchmal werden pinnbare Objekte angezeigt und man kann diese einfach nicht auswählen. Wenn es mir wichtig ist, schicke ich mir die Adresse per E-Mail oder merke sie mir per Evernote und pinne das später am Notebook. Andere Applikationen funktionieren ganz wunderbar – allerdings können Sie in der App auf Android derzeit nur Ihre eigenen Bilder pinnen.

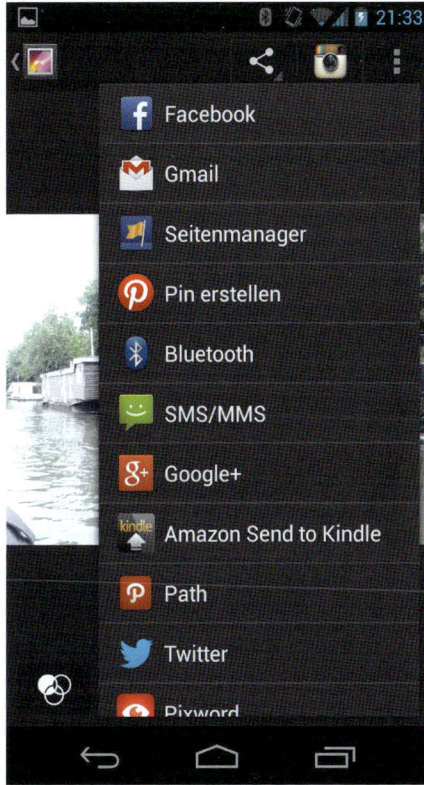

Abb. 5.6: Teilen mit System

5.2 Noch ein nettes Werkzeug: pixword

Sicher, Instagram ist cool und man kann seine eigenen Bilder ganz wunderbar über die Systembestandteile auf Pinterest befördern. Hier möchte ich noch ein anderes Werkzeug erwähnen, das ich ausgesprochen nett finde: pixword aus Frankreich. Damit ist es möglich, Fotos aufzunehmen und daraus etwas Polaroid-Ähnliches zu machen und gleich auch noch zu beschriften.

Abb. 5.7: *pixword – zum Beschriften von Bildern auf Mobilgeräten*

Ich finde diese App toll. Man kann verschiedene Schriftarten und -größen auswählen etc. Die Bedienung muss allerdings auf Französisch erfolgen – die Kenntnisse aus der Schule sind völlig ausreichend.

— Kapitel 6 —

Die eigene Website vorbereiten

6.1	Die Website	130
6.2	Pinnen verhindern	145
6.3	Bilder	146
6.4	Ein möglicher Workflow	158

Grundsätzlich kann man die Social-Media-Aktivitäten in aktiv und passiv einteilen. Das betrifft besonders Pinterest. Man muss als Unternehmen gar keine Page bei Pinterest haben, wie das bei Facebook vielleicht der Fall ist, um Erfolge feiern zu können. Viel wichtiger ist die Vorbereitung der Website auf das Pinnen und besonders qualitativ hochwertiges Bildmaterial. Genau darum geht es in diesem Kapitel. Wie Sie in Abbildung 6.1 sehen können, wird der Großteil der Pins direkt von den Fans eines Produkts bzw. einer Marke gepinnt. Curalate, der Hersteller eines Analytics-Werkzeugs, nennt einen Durchschnitt von 70 Prozent. Gemeint ist damit der Anteil der Pins, die von den Nutzern direkt von den Websites gepinnt werden. Wie nicht anders zu erwarten, ist der Anteil je nach Branche unterschiedlich.

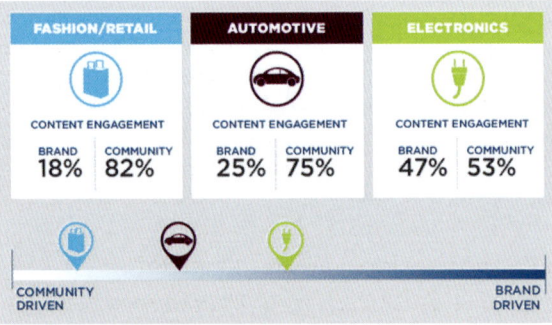

Abb. 6.1: *Community-Engagement nach Branchen (Quelle: Curalate)*

Der erste Schritt für ein erfolgreiches Pinterest-Marketing ist dabei Optimierung der eigenen Website und der darauf befindlichen Bilder. Hierfür müssen einige Dinge beachtet werden.

6.1 Die Website

6.1.1 Ist Pinnen auf der eigenen Website möglich und attraktiv?

Dabei sollten mehrere Aspekte unbedingt berücksichtigt werden. Auch wenn es zunächst häufig banal klingt, aber der Teufel steckt im Detail. Prüfen Sie also einfach die folgenden Fragen.

Ist Pinnen technisch möglich?

Es gibt verschiedene Ursachen, warum Nutzer Bilder einer Website nicht pinnen können. Die häufigste Ursache ist dabei externer Natur und Sie können selbst leider nichts daran ändern. Wenn Nutzer über ein Social Bookmark kommen und Ihre Zielseite innerhalb eines Frames angezeigt wird, dann müssen die Nutzer diesen zunächst wegklicken.

> **Hinweis**
>
> iFrames verhindern häufig das Pinnen.

Ansonsten sollten Sie mit dem Pinmarklet prüfen, ob die für Ihr Marketing relevanten Bilder pinnbar sind. Hier treten insbesondere durch iFrames[11] und Zoom-Applikationen Schwierigkeiten auf. Das Pinmarklet kann hierdurch mitunter keine oder nicht die relevanten Bilder anzeigen. Was auch öfter passiert: Entwickler platzieren Bilder als Hintergrundbilder der Page. Auch dann können diese in der Regel nicht gepinnt werden. In allen Fällen müssen Sie die Entwickler der Website kontaktieren und die Website entsprechend optimieren lassen.

Sind die zu verbreitenden Inhalte mit Bildern versehen?

Pins können nur dann stattfinden, wenn Bilder vorhanden sind – eigentlich banal und auch höchst relevant für die Verbreitung von Inhalten auf anderen Kanälen wie Google+, Facebook oder Twitter. Auch dort läuft die Verbreitung von Inhalten nur dann richtig gut, wenn attraktives Illustrationsmaterial vorhanden ist. Bei Pinterest ist die Situation leicht verschärft. Der Anteil des Bildes am Engagement – also daran, ob ein Nutzer darauf reagiert und es anklickt, kommentiert oder weiterpinnt – ist bei Pinterest sehr viel größer als bei den übrigen Plattformen. Es ist ganz einfach: Pinterest ist ein Dienst, der voll und ganz im Trend der zunehmenden Visualisierung des Internets liegt. Es geht Bild vor Text! Bilder haben größten Einfluss auf den Grad der Viralität eines Pins. Sie müssten also aussagekräftig für den Inhalt hinter dem Pin sein.

---

11. Sie erkennen das, indem Sie die rechte Maustaste benutzten. Wenn dann im Menü der Begriff Frage auftaucht, werden Frames benutzt und das Pinnen wird dadurch erschwert.

> **Wichtig**
>
> Es geht Bild vor Text!

Wo werden Ihre Bilder platziert?

Sicher, der Hauptort, an dem Bildmaterial platziert wird, ist Ihre Website. Möglicherweise haben Sie aber noch viele andere Orte, an denen Ihr Bildmaterial erscheint und an denen es wirken muss. Das beginnt für viele Unternehmen bei Blogs oder Microsites, wirklich wichtig wird es jedoch erst, wenn Sie Material weitergeben. Im E-Commerce ist es normalerweise so, dass Bild- und Textmaterial an Händler weitergegeben wird, die es in ihre Website integrieren. Schon an dieser Stelle können Sie aktiv werden und die entsprechenden Parameter so aufbereiten, dass diese für Ihren Vertriebspartner in einem günstigen Format geliefert werden. Umgekehrt sollten Sie als Händler darauf bestehen, dass Lieferanten ein entsprechend verarbeitbares Datenmaterial zur Verfügung stehen. Hilfreich sind in diesem Fall PIM- und MAM-Systeme.

Sind die Bilder der Website genügend attraktiv?

Nutzer pinnen vor allem dann, wenn ihnen Bilder, Grafiken, Videos oder Präsentationen gefallen. Deshalb benötigen Sie entsprechend attraktives Material, das auch als Einzeldatei wirkt und nicht unbedingt das Umfeld Ihrer Website benötigt. Leicht lässt sich das auch an Präsentationen verdeutlichen, die auf Marketing-Veranstaltungen gehalten werden: Während man in den 90ern häufig textüberladene Slides sah und sich dies in den 00ern zunehmend besserte, verschwinden Textinformationen zunehmend von den Slides. Die Präsentatoren zeigen nur noch Bilder – oft genug sogar ohne Absender. Wenn Sie also keinen Shop haben oder materielle Markenprodukte vermarkten müssen, sollten Sie darauf achten, dass auch für Dienstleistungen entsprechend brauchbare Bilder vorhanden sind. Sollten Sie sich für Pinterest als strategisch wichtigen Weg entschieden haben und nicht einfach nur ein Blog betreiben, dann heißt es, Bilder möglichst nicht nur aus den Stocks[12] zu beziehen und vielleicht noch ein wenig zu

---

12. Also beispielsweise *istockphoto.com*, *shutterstock.com* etc.

bearbeiten: Sie sollten in diesem Fall für Primärmaterial sorgen. Damit wären wir auch beim nächsten Punkt.

Im Idealfall sollte man in Ihren Bildern auch den Absender erkennen

Dies ist erfahrungsgemäß häufig nicht der Fall – sieht man von Bekleidung mit entsprechendem Branding einmal ab. Ein Hotel sieht eben häufig aus wie ein Hotel, ein Kletterer wie ein Kletterer und ein Schiff wie ein Schiff. Prinzipiell ist das ja auch in Ordnung. Man betreibt damit das sogenannte Gattungsmarketing. Der Wunsch der Nutzer, zu verreisen, zu klettern oder mit dem Schiff unterwegs zu sein, wird forciert. Das bezieht sich dann eben nicht zwingend auf die eigene Marke. Hier sollten Sie unbedingt Vorkehrungen treffen, um Ihren Absender identifizierbar zu machen. Eine entsprechende Umstellung des Bildmaterials auf Ihrer Website ist oft aus inhaltlichen und organisatorischen Gründen nicht möglich.

Besonders für technisch versiertere Unternehmen lohnt es sich, ihre Seiten für die sogenannten »Rich Pins« vorzubereiten. Dabei erhalten die Betreiber von Websites die Möglichkeit, Pins strukturiert Zusatzinformationen mitzugeben, um diese auf Pinterest direkt anzureichern. Das betrifft derzeit drei Bereiche:

- Produkte
- Rezepte
- Filme

Man kann Namen, Preise, Verfügbarkeiten etc. mitgeben, die noch dazu automatisiert aktualisiert werden. In Abschnitt 6.1.3 erkläre ich, wie das funktioniert.

Sollte dies zu aufwendig sein, dann gibt es die Möglichkeit, Textmaterial im IMG-ALT-Tag, als Titel einer Page oder als Überschrift zu platzieren. Diese werden häufig als Textbeschreibung des Pins herangezogen. Nennen Sie also Marke, Produktname und möglicherweise noch den Preis an diesen Stellen.

Erheblich aufwendiger ist es wiederum, Logos in Bilder zu integrieren – also Ihren Absender. Wie dies erfolgen kann, erläutere ich in Abschnitt 6.3.1.

6.1.2 Sharing-Dienst für Pinterest aktivieren

Aktivieren Sie den Pinterest-Sharing-Dienst dort, wo Sie andere seitenbezogene Sharing-Dienste auch aktiviert haben. So werden die Nutzer darauf hingewiesen, dass diese Seite auf Pinterest vorbereitet ist und Sie dort möglicherweise mit einem folgenswerten Account vertreten sind. Sie sagen damit Ihren Besuchern, dass es bei Ihnen was zu pinnen gibt. Ob diese dafür Ihren Pin-Button benutzen oder das Marklet, ist letztlich zweitrangig.

Es handelt sich dabei nur um den ersten Schritt. Pinnen können Ihre Besucher ja auch, wenn kein Sharing-Button vorhanden ist. Allerdings ist das Ergebnis dann auch immer ein normaler Pin – Standard eben. Wenn Sie etwas mehr wollen – also beispielsweise Produktinformationen zum Pin hinzufügen –, müssen Sie gegebenenfalls etwas mehr tun, vielleicht ist Ihre Seite aber auch schon vorbereitet.

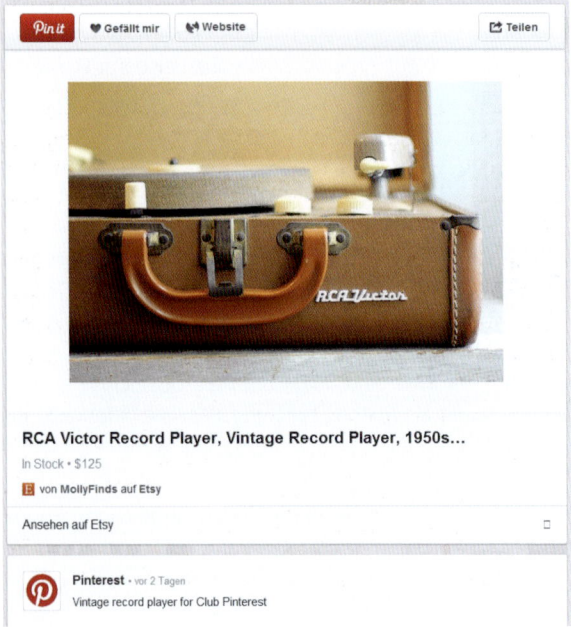

Abb. 6.2: *Rich Pin mit Marke, Produktname, Verfügbarkeit und Preis*

6.1.3 Vorbereitung für Rich Pins

Besonders für Produkte sind Rich Pins von großem Vorteil, weil Unternehmen automatisiert Informationen mit an Pinterest übergeben können und dies nicht mehr über den Umweg des IMG-ALT-Tags erfolgen muss. So können beispielsweise Preisinformationen und die Verfügbarkeit aktualisiert werden. In Abbildung 6.2 ist das zu sehen. Direkt unterhalb des Bildes stehen die Daten, die automatisiert aus etsy herausgelesen wurden. Erst dann kommt die selbst verfasste Beschreibung des Pinners – in diesem Fall Pinterest selbst. Man kann nun also einem Pin Informationen mitgeben, die noch dazu aktualisiert werden – und dies ohne die potenzielle Beeinflussung durch einen Pinner.

Erfreulicherweise greift Pinterest schon auf Standards zurück, sodass möglicherweise bereits Informationen erfasst werden, ohne dass noch etwas getan werden muss. Eines der benutzten Verfahren – oEmbed – wird auch schon von WordPress, Slideshare oder YouTube eingesetzt, um Meta-Informationen über Objekte weiterzugeben, beispielsweise den Autor.

Produkte

Für Produkte unterstützt Pinterest zwei Verfahren der Integration: oEmbed und Semantic Markup Tags (Schema.org und Open-Graph-Tags). Dabei ist oEmbed etwas flexibler und wird von Pinterest bevorzugt. Mit dieser Methode können auch mehrere Produkte auf einer Seite mit einem Pin-Button versehen werden, der die richtigen Informationen zieht. Die beiden anderen Methoden sind stärker verbreitet und vielleicht bereits Bestandteil Ihrer Website. Diese werden auch von (Produkt-)Suchmaschinen benutzt, um strukturiert Ergebnisse anzeigen zu können. In der folgenden Tabelle werden zunächst die potenziellen Parameter für oEmbed gezeigt.

Parameter	Beschreibung	Pflicht
provider_name	Für den Namen des Geschäfts (z.B. etsy)	Nein
url	Die URL der Seite des Pins	Ja
title	Der Produktname (z.B. »Super-Shirt«)	Ja

Tabelle 6.1: Potenzielle Felder für oEmbed-Auszeichnung dezidierter Produktseiten

Parameter	Beschreibung	Pflicht
description	Die Produktbeschreibung (z.B. »Leichtes Baumwoll-Shirt mit modischem Aufdruck«)	Nein
brand	Marken-Name	Nein
product_id	Produkt-Nummer (z.B. 0815-007)	Nein
price	Preis	Ja
curreny_code	Der Währungs-Code (z.B.: USD)	Ja
availability	Ist das Produkt auf Lager?	Nein
quantity	Wie oft ist das Produkt auf Lager?	Nein

Tabelle 6.1: Potenzielle Felder für oEmbed-Auszeichnung dezidierter Produktseiten (Forts.)

Hinsichtlich der Interpretation der Währungscodes liegen leider noch keine Informationen vor. Bisher wurden lediglich USD und das britische Pfund interpretiert, um es als Banderole oder Button in die Pins einzubinden. Prinzipiell sollte das jetzt ohne Währungsgrenzen funktionieren, weil auf Standard-Codes zurückgegriffen wird.

Tipp

Unter *http://developers.pinterest.com/rich_pins/validator/* bietet Pinterest einen Validator an. Damit können Sie neben Test-Pins überprüfen, ob Ihre Website ausreichend für Rich Pins vorbereitet ist.

Wenn Ihre Website bereits die Open-Graph-Tags unterstützt und diese in Ihre Website integriert sind, dann sind die Parameter in der folgenden Tabelle für Sie relevant. Das sieht schon ganz ähnlich aus wie bei oEmbed:

Parameter	Beschreibung	Pflicht
og:site_name	Für den Namen des Geschäfts (z.B. etsy)	Nein
og:url	Die URL der Seite des Pins	Nein

Tabelle 6.2: Potenzielle Felder für Open-Graph-Auszeichnung dezidierter Produktseiten

Parameter	Beschreibung	Pflicht
og:title	Der Produktname (z.B. »Super-Shirt«)	Ja
og:description	Die Produktbeschreibung (z.B. »Leichtes Baumwoll-Shirt mit modischem Aufdruck«)	Nein
og:brand	Marken-Name	Nein
og:upc or og:ean or og:isbn	Produkt-Nummer (z.B. 0815-007) entsprechend der vorgegebenen Definition	Nein
og:price:amount	Preis	Ja
og:price:currency	Der Währungs-Code (z.B.: USD)	Ja
og:price:availability	Ist das Produkt auf Lager?	Nein

Tabelle 6.2: Potenzielle Felder für Open-Graph-Auszeichnung dezidierter Produktseiten (Forts.)

Informationen zum Open Graph Protocol finden Sie unter *ogp.me*.

Für Schema ist die Lage eigentlich ganz ähnlich; wenn es bereits in Ihren Seiten benutzt wird, sind Sie vorbereitet und wahrscheinlich werden Pins auch schon so angezeigt, wie sie angezeigt werden sollen. Mehr Informationen finden Sie auf *http://schema.org/Product*.

> **Hinweis**
>
> Spannend bleibt die Frage, wie Pinterest mit Websites umgeht, die nicht für jedes Produkt in einem Währungsgebiet eine separate Seite anlegen, sondern diese dynamisch in die Seiten einbinden. Bei meinen ersten Tests wurden im Pin jeweils USD angezeigt und nicht EUR.

Rezepte

Rezepte bzw. Bilder von Essen laufen auch sehr gut bei Pinterest. So ist es wenig verwunderlich, dass Pinterest die semantischen Auszeichnungen von Schema.org und hRecipe zur Anreicherung der entsprechenden Pins nutzt. Sieht doch appetitlich und sauber strukturiert aus in Abbildung 6.3.

Parameter	Beschreibung	Pflicht
name	Der Name des Rezepts. Formatierungen werden nicht akzeptiert und wenn der Titel zu lang ist, wird er möglicherweise abgeschnitten.	Ja
ingredients	Zutaten. Bitte jede Zutat einzeln angeben.	Ja
url	Die URL der Seite des Pins	Nein
cookTime	Die Zeit, die man zum Kochen benötigt (im ISO-8601-Format)	Nein
prepTime	Die Zeit, die man zur Zubereitung benötigt (im ISO-8601-Format)	Nein
totalTime	Die Zeit, die man zum Kochen und Zubereiten benötigt (im ISO-8601-Format)	Nein
recipeYield	Ein Textfeld, in dem Sie angeben können, für wie viele Portionen oder Personen das Rezept ist	Nein
description	Wie soll man vorgehen? Dieses Feld wird bei Pinterest nicht gezeigt, wird jedoch für die Suche benutzt.	Nein

Tabelle 6.3: *Potenzielle Felder für die Schema.org-Auszeichnung dezidierter Rezeptseiten*

Weitere Informationen finden Sie unter *http://schema.org/Recipe*. Zudem empfiehlt Pinterest, noch den Namen Ihrer Website als Open-Graph-Tag zu ergänzen – also in »og:site_name« zu schreiben. Für das hRecipe-Format ist die Lage sehr ähnlich.

Hinweis

Die genauen technischen Spezifikationen für die Integration von Rich Pins in Websites finden Sie unter *http://developers.pinterest.com/rich_pins/*.

Abb. 6.3: *Rich-Pin-Rezept*

Filme

Auch für Filme gibt es Rich Pins, um direkt zu zeigen, wie der Film auf der Plattform, von der der Pin stammt, bewertet wurde, wer Regisseur ist und welche Schauspieler zu sehen sind. Dafür wird von Pinterest das Schema.org-Movie-Format benutzt, an das Sie sich gegebenenfalls halten müssen. Sinnvoll erscheint das auf jeden Fall, da die entsprechenden Angaben auf den Fotos von DVD-Hüllen oder auf Filmplakaten oft schwer zu lesen sind. Bei einigen Tests ist mir allerdings aufgefallen, dass die Angaben der Bilder und die Meta-Informationen nicht zusammenpassen.

Offensichtlich ist es dies recht schwierig umzusetzen. Wenn Nebendarsteller zuerst genannt werden und die Hauptdarsteller der Kürzung zum Opfer fallen, ist das für den Rezipienten der Pins verwirrend.

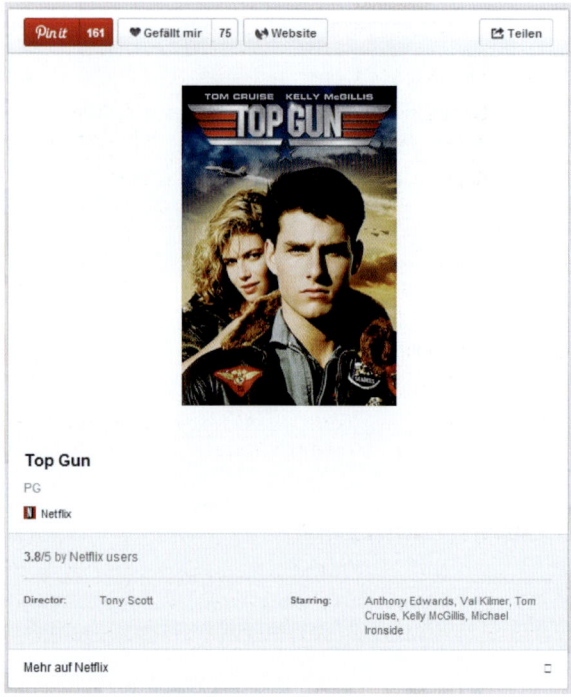

Abb. 6.4: Rich-Pin-Film

Parameter	Beschreibung	Pflicht?
url	Die URL der Seite des Pins	Ja
name	Der Name des Films. Formatierungen werden nicht akzeptiert und wenn der Titel zu lange ist, wird er möglicherweise abgeschnitten.	Ja

Tabelle 6.4: Potenzielle Felder für die Schema.org-Auszeichnung von Filmen

Parameter	Beschreibung	Pflicht?
description	Die Beschreibung des Films. Formatierungen werden nicht akzeptiert und wenn die Beschreibung zu lang ist, wird sie möglicherweise abgeschnitten.	Nein
duration	Die Länge des Films (im ISO-8601-Format)	Nein
genre	Das Genre des Films	Nein
actor	Schauspieler des Films (jeder muss einzeln aufgeführt werden, wie es in *http://schema.org/Person* definiert ist)	Nein
director	Regisseur des Films (jeder muss einzeln aufgeführt werden, wie es in *http://schema.org/Person* definiert ist)	Nein
contentRating	Content Rating – beispielsweise: »FSK16«	Nein
aggregateRating	Bewertung des Films, wie in *http://schema.org/AggregateRating* definiert	Nein
datePublished	Das Veröffentlichungsdatum im ISO-8601-Datumsformat	Nein

Tabelle 6.4: *Potenzielle Felder für die Schema.org-Auszeichnung von Filmen (Forts.)*

6.1.4 Lassen Sie sich folgen

ModCloth ist ein gutes Beispiel: Facebook ist wichtiger und erfährt eine Doppelplatzierung. Die übrigen Social Networks werden aber ebenso per Logo genannt. Sie können das in Abbildung 6.5 sehr gut sehen.

Abb. 6.5: *ModCloth folgen*

Das ist die grundsätzliche Einbindung, die auf jeden Fall vorgenommen werden sollte. Allerdings bietet Pinterest verschiedene Arten des Folgens an: Es kann sowohl einem Account als auch einem einzelnen Board gefolgt

6 Die eigene Website vorbereiten

werden. Je nach Strategie der Board-Anlage sollten verschiedene Verfahren gewählt werden. Als Zielseiten sind potenziell sinnvoll:

- Account-Startseite, alle Boards werden angezeigt (z.B. *http://pinterest.com/modcloth*)
- Alle Pins (z.B. *http://pinterest.com/modcloth/pins/*)
- Alle Likes (z.B. *http://pinterest.com/modcloth/pins/?filter=likes*)
- Activity (z.B. *http://pinterest.com/modcloth/activity/*)
- einzelne Boards (z.B. *http://pinterest.com/modcloth/create-craft-inspire/*)

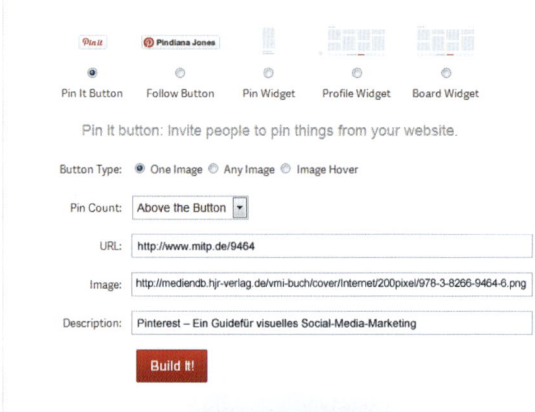

Abb. 6.6: *Widget-Generator für Pin-Buttons*

Durch die Tatsache, dass das Folgen einzelner Boards möglich ist, bieten sich hier einige strategische Optionen, die mit Vor- und Nachteilen verbunden sind. Hier zwei Beispiele:

- Wenn es das Ziel ist, die Nutzer zu Account-Folgern zu machen, ist mitunter die »All Pins«-Page die sinnvolle Zielseite. Hierbei gibt es für die Nutzer nicht die direkte Möglichkeit, einzelnen Boards zu folgen.
- Wenn Sie sich dafür entschieden haben, beispielsweise Produktgruppen in einem Board abzubilden oder Follower-Wettbewerbe mit einzelnen Boards durchzuführen, dann sollten diese direkt adressiert werden.

6.1.5 Widgets

Pinterest hat am 13. November 2012 »Pinterest für Business« angekündigt. Um zu unterstreichen, dass es auch noch zusätzliches Material gibt, das für Unternehmen nützlich sein kann, wurden die Pinterest Widgets eingeführt – daneben noch die geheimen Boards, die ich an anderer Stelle erläutert habe (vgl. Abschnitt 3.6.4).

Bei den Widgets handelt es sich um Elemente, die sich auf einen Pinterest Account beziehen. Dabei wird mittels eines Generators Code produziert, der in andere Websites eingebunden werden kann. Prinzipiell ist der Generator recht einfach zu bedienen, auch wenn das nicht immer ohne Haken ist. In Abbildung 6.6 können Sie den Widget-Generator sehen. Damit ist es möglich, einen Pin-Button für ein bestimmtes Bild bzw. Objekt zu generieren. Der Nutzer hat in diesem Fall also den Vorteil, dass er den Auswahlschritt im Pin-Prozess überspringen kann. Ein enormer Vorteil. Die Widgets können auch in Mobile Apps integriert werden. Pinterest stellt entsprechende SDKs für Android und iOS zur Verfügung.

> **Hinweis**
>
> Besonders, wenn eine Website viele Bilder hat, kann man nicht für jedes einzelne den entsprechenden Button mit dem Generator herstellen. Ihre Techniker schaffen das auch auf anderem Weg, wenn sie die Regel zur Erstellung des Schnipsels verstanden haben.

Die weiteren Funktionen können Sie in Abbildung 6.6 sehen. Besonders die Darstellung des Pins, Accounts oder Boards ist ausgesprochen hilfreich, wenn man den eigenen Besuchern zeigen möchte, dass man auf Pinterest aktiv ist.

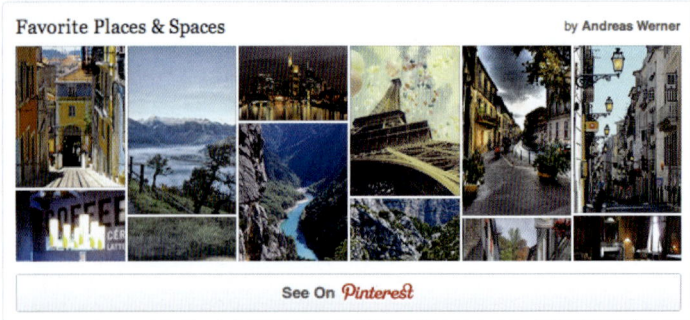

Abb. 6.7: *Board-Widget*

Bei den etwas größeren Widgets können Sie die folgenden Parameter einstellen und damit das Aussehen des Widgets beeinflussen:

- Bildbreite: Der Minimalwert ist 60; nach oben sind kaum Grenzen gesetzt. Bedenken Sie bitte, wie Ihr Ausgangsmaterial aussieht.
- Widget-Höhe: Der Minimalwert ist 60; nach oben sind kaum Grenzen gesetzt. Bedenken Sie bitte, wie Ihr Ausgangsmaterial aussieht.
- Widget-Breite: Der Minimalwert ist 130; nach oben sind kaum Grenzen gesetzt. Wenn Sie keinen Wert einsetzen, passt sich das Widget automatisch an.

Auch für Ihren Account gibt es ein Widget. Allerdings werden darin Ihre zuletzt gepinnten Objekte gezeigt. Es entspricht also dem, was man unter Aktivität sieht. Beide Objekte eignen sich dazu, wenn Sie für sich Follower auf Pinterest gewinnen möchten. In diesem Fall sollten die Widgets auffällig auf Ihrer Website oder auf Ihrem Blog platziert werden. Häufig ist es jedoch so, dass aus strategischen Gründen davon abgesehen wird, weil die Nutzer dann nicht mehr direkt auf der Website sind. Erlauben Sie mir bitte den Hinweis, dass es sich um ein Instrument der Kundenbindung handelt – ähnlich wie bei einem Newsletter sind Sie in der Lage, Ihre Follower mit Material zu konfrontieren, ohne dass diese Ihre Website erneut besuchen müssen. Diese Nutzer verbringen einen großen Teil ihrer freien Zeit in den sozialen Netzwerken – auch auf Pinterest. Dabei hat Pinterest noch den Vorteil, dass Kommunikate bzw. Postings einer sehr viel höheren Viralität unterliegen als auf anderen Netzwerken und auch längerfristig Traffic generieren.

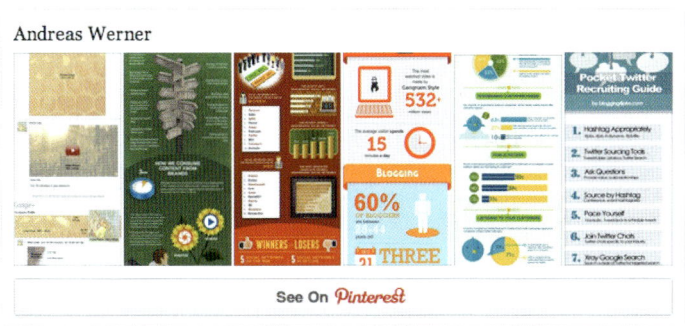

Abb. 6.8: *Das Account- bzw. Aktivitäten-Widget*

6.2 Pinnen verhindern

Wenn es Seiten gibt, deren Inhalte nicht gepinnt werden sollen – möglicherweise Seiten mit geschützten Inhalten oder Bildern, für deren Verwendung Sie bezahlen müssen – dann können Sie diese Seite entsprechend ausschließen. Fügen Sie folgenden Code in den Kopf der betreffenden Seiten ein:

```
<meta name="pinterest" content="nopin" />
```

Die Nutzer bekommen dann vom Pinmarklet folgenden Text angezeigt:

This site doesn't allow pinning to Pinterest. Please contact the owner with any questions. Thanks for visiting!

Wenn Sie ganz sicher gehen möchten – schließlich können die Nutzer das Bild auch herunterladen und anschließend manuell einstellen –, sollten Sie die entsprechende Funktion im Menü »rechte Maustaste« deaktivieren lassen. Es handelt sich um JavaScript, mit dessen Hilfe dies möglich ist.

Selbst dies und sichere Absenderangaben werden die Verbreitung nicht wirklich verhindern können. Die Nutzer müssen lediglich einen Screenshot machen und schon kann das Bild verbreitet werden. In solchen Fällen sind entdeckte Fälle justiziabel. Um entsprechendes Material entdecken zu können, sollte es mit digitalen Wasserzeichen versehen werden.

Die absolut sicherste Methode besteht darin, Material, das nicht verbreitet werden soll, gar nicht erst zu publizieren.

6.3 Bilder

Bilder sind die wichtigste Voraussetzung für erfolgreiches Pinterest-Marketing. Nur wenn Bilder Nutzern gefallen, werden diese gepinnt und weitergepinnt. Bilder müssen dabei nicht nur schön, lustig, spektakulär oder informativ sein – sie müssen vor allem auch groß genug auf Websites vorliegen. Ohne solches Material ist Pinterest nicht wirklich effektiv. Sicher ist es möglich, auch mit kleinen Illustrationen zu arbeiten. Diese wirken dann auch im Feed. Sobald die Nutzer dann auf die Detailansicht gehen, sehen diese Objekte mickrig aus und laden so überhaupt nicht zum Weiterklicken ein.

Das heißt für Sie, wenn Sie Pinterest-Marketing machen möchten, dass Sie für geeignetes Bildmaterial sorgen müssen.

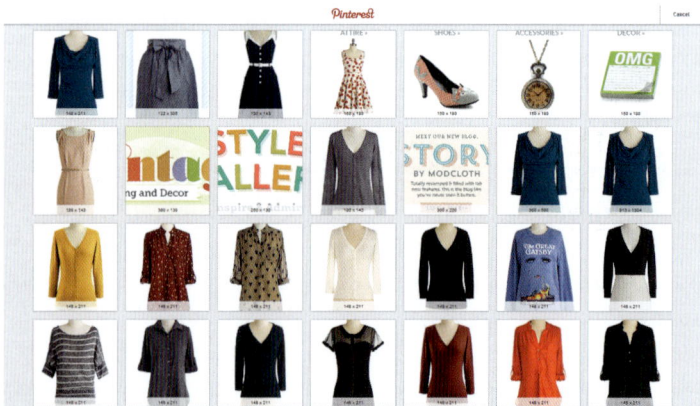

Abb. 6.9: *Pinnen mit dem Marklet auf einer ModCloth-Produktdetailansicht*

6.3.1 Fotos

Fotos sollen eine Breite von mindestens 736 Punkt haben. Breiter geht immer – Pinterest rechnet die Bilder dann entsprechend runter. Ob diese Hoch- oder Querformat sind, ist eigentlich Geschmackssache. Allerdings bekommt man bei hochformatigen Bildern mehr Fläche. Das ist vorteilhaft und sollte besonders bei Bekleidung genutzt werden. Wenn Sie also auf Ihrer Website weitgehend mit Bildern arbeiten, die prinzipiell zu klein für Pinterest sind und auch in nächster Zeit keine Anpassung der Website ansteht, sollten Sie über die Integration von Pin-Buttons nachdenken, die dezidiert auf die geeignete Version des Bildes verweist. Das ist besonders häufig dann der Fall, wenn in Produkt-Detailansichten mit mittelgroßen Bildern und einer Zoom-Funktion gearbeitet wird. Wenn die Nutzer dann das Pin-Marklet benutzen, wird das nur über die Zoom-Applikation zugängliche Bild häufig nicht angezeigt, mitunter ist es sogar technisch nicht möglich, das Bild auf einfachem Weg über das Marklet zugänglich zu machen. Sie haben dann die Möglichkeit, das »große« Bild entsprechend zweitzuplatzieren, damit es mit dem Marklet angezeigt wird.

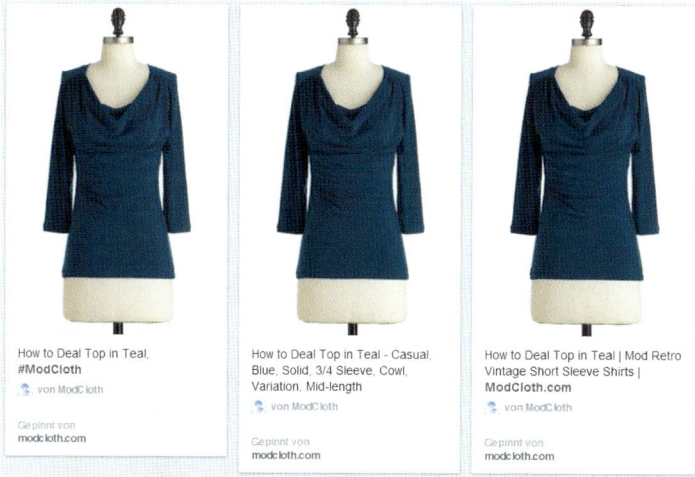

Abb. 6.10: *Pinnen mit verschiedenen Verfahren*

Zudem sollten Sie den angesprochenen Pin-Button einbinden. Normalerweise sollten Fotos auch in einer ausreichenden Größe vorliegen, da diese im anderen Fall auch nicht druckfähig wären. Sollten Sie die Fotos nicht selbst erstellen (lassen) und einen Shop betreiben, dann fordern Sie diese bei Ihrem Lieferanten beziehungsweise bei dem zuständigen Datenlieferanten an.

Bildgröße

Wenn Nutzer auf einer Shopping-Website, wie beispielsweise ModCloth, ein Bild pinnen möchten, dann machen sie es wahrscheinlich auf der Produktdetailansicht. Mit dem Klick auf das Marklet bekommen Sie die Ansicht in Abbildung 6.9 zu sehen. Die Nutzer bekommen das Teil, um das es geht, gleich drei Mal zu sehen: In der ersten Zeile ganz links und in der zweiten Zeile sind es die beiden rechten Bilder. Über die Größenangaben können die Nutzer nun entschieden, welches Bild sie pinnen.

> **Tipp**
>
> Bilder sollten mindestens in einer Breite von 736 Bildpunkten vorliegen.

In Abbildung 6.10 habe ich einfach veranschaulicht, was Sie auf einem Board oder im Feed zu sehen bekommen würden, wenn die Nutzer nicht die Kleinansicht des Oberteils auswählen. Die Farben unterscheiden sich leicht, die Größe der Bilder ist identisch – erstaunlicherweise unterscheiden sich die Texte. Die Frage ist an dieser Stelle, ob es Absicht, Fleiß oder Nachlässigkeit ist. Den Bildern wurden über entsprechende Parameter die Texte mitgegeben. Ich habe mich an dieser Stelle gefragt, ob sich der Aufwand lohnt. Viel erstaunlicher ist allerdings das Ergebnis, das Sie in Abbildung 6.11 sehen können. Hier wird nun der identische Text gezogen – allerdings ist das Bild auf der rechten Seite sehr viel größer – eben die angesprochen 736 Bildpunkte breit. In der Abbildung habe ich darauf geachtet, dass die Bildverhältnisse erhalten bleiben. Das sehen Sie jeweils am Kopf. Auch wenn es jetzt im Druck ein gutes Stück kleiner dargestellt wird, so sollte doch klar werden, dass es für die Arbeit mit Pinterest wichtig ist, Großansichten bereitzustellen und dafür zu sorgen, dass möglichst diese gepinnt werden.

Bilder | 6.3

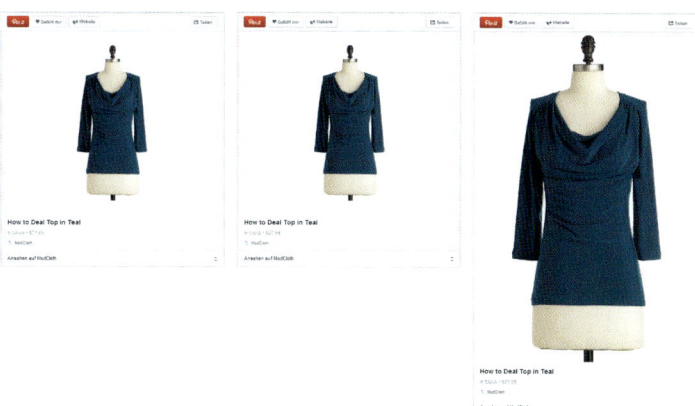

Abb. 6.11: *Detailansichten in verschiedener Größe*

Tipp
Der Pin-Button sollte immer auf die größte Ansicht Ihres Bildes verweisen.

Bildformat

Während man im Bekleidungsbereich – besonders im E-Commerce – weitgehend mit Bildern im Hochformat arbeitet, die bei Pinterest die aus meiner Sicht beste Anmutung zur Folge haben, ist das in anderen Bereichen nicht so. Bei Schuhen ist es auf den ersten Blick nicht ganz einfach, Bilder im Hochformat zu erstellen – dabei hilft eine 90-Grad-Drehung oder ein Bein wahre Wunder. So kommt man durchaus bei der einen oder anderen Social-Media-Plattform weiter. Leider nicht auf allen. Bei Flickr wirken Querformate besser. Allerdings sind das in diesem Fall nur in seltenen Fällen reine Produktfotos.

Tipp
Produktfotos möglichst im Hochformat zum Pinnen vorbereiten.

Besonders wenn es um Urlaub geht, sollte man Bilder im Hochformat zur Verfügung haben, die man auf Pinterest platziert. Mittelfristig kann so etwas durch das Marketing organisiert werden. Auf Websites wirken

Querformate hierfür oft besser und sind leichter in die Konzepte von Websites zu integrieren.

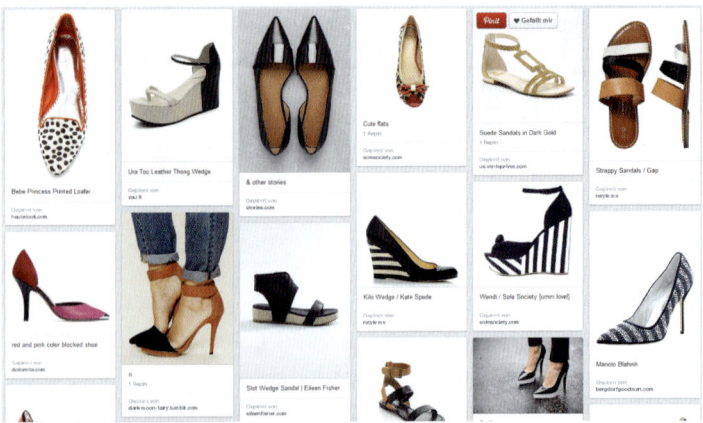

Abb. 6.12: Lieblingsschuhe von Frau Otero

Strategisch heißt das deshalb, dass Sie – wenn Sie auf Querformate für Websites und andere Plattformen angewiesen sind – für Pinterest stärker mit dem Push-Verfahren arbeiten müssen. Das heißt, Sie sollten stärker aktiv Bilder in den für Sie günstigen Formaten pinnen.

Bildanmutung

Schön sollen die Bilder sein. Frauen sollen sie gefallen. Wenn Sie keine Vorstellung haben, was das bedeutet, dann sollten Sie einfach einigen Frauen auf Pinterest folgen und schauen, was sie pinnen. Die Qualität der Fotos ist eben ausschlaggebend.

Den Trend zur Visualisierung des Netzes habe ich in Kapitel Abschnitt 1.3.3 bereits beschrieben. Sie werden, egal ob Sie wollen oder nicht, in der Zukunft immer mehr Fotos benötigen, um damit Marketing zu machen. Aus meiner Sicht ist eine nicht unerhebliche Budgeterweiterung an dieser Stelle notwendig, falls Sie in den vergangenen Jahren nicht ohnehin schon kräftig ausgebaut haben.

Absenderangabe

Einen weiteren Aspekt sollte man keinesfalls vernachlässigen. Fotos, Bilder, die von Ihrer Website gepinnt werden, enthalten meist keine ausreichende Absenderangabe. Gemeint ist damit, dass man durch das Bild alleine, wenn es primär durch Nutzer gepinnt oder repinnt und der Text editiert wurde, nicht mehr sieht, dass es sich um Ihre Marke handelt. Im Pin ist dann lediglich die Ziel-URL des Bildes zu sehen – und in der Detailansicht gegebenenfalls die Angaben des Rich Pins. Esprit löst das – wie in Abbildung 6.13 ersichtlich – durch die Nennung des Markennamens im Beschreibungstext. Dieser ist editierbar.[13]

Abb. 6.13: *Absenderangabe im Text*

---

13. Viel hat Esprit eigentlich nicht mehr zu tun. Es gibt bereits Meta-Tags für das Open-Graph-Protokoll. Wenn die Minimalangaben in der Seite stehen, dann erscheint im Pin die Absenderangabe wie in Abbildung 6.10 für ModCloth ersichtlich.

Eine nicht wirklich leicht zu erfüllende Anforderung besteht darin, schon alleine durch das Foto an sich als Absender erkennbar zu werden. Wenn die zu vermarktenden Produkte ein entsprechend charakteristisches Äußeres haben, ist dies der einfachste Fall. Hier haben es beispielsweise Desigual bei Bekleidung, adidas und Keen bei Schuhen oder Kitchen Aid bei Haushaltsgeräten recht einfach. Ohnehin ist es hilfreich, wenn die Produkte ein ausreichend großes und damit auch im Feed sichtbares Logo tragen. Das ist beispielsweise bei der Outdoor-Marke Jack Wolfskin der Fall. Wenn Ihre Zielgruppe mit einer solch deutlichen Markierung nicht einverstanden erscheint oder dies schlichtweg nicht zur Unternehmensstrategie passt, wird es schwieriger. Bei starken Marken – beispielsweise hochpreisigen Kosmetikprodukten – wird dies dadurch gelöst, dass sich diese in ihrer Werbung auf bekannte Gesichter konzentrieren und dadurch den Wiedererkennungseffekt realisieren können.

Mitunter ist es möglich, Bilder so zu bearbeiten, dass sie einem bestimmten Absender zuzuordnen sind. Grafische Filter eignen sich leider nur bedingt. Wenn Sie damit arbeiten, kann es sehr leicht passieren, dass Wettbewerber sich schnell an dieses Verfahren anpassen. Alternativ können Sie mit grafischen Elementen arbeiten, die Sie in Bilder integrieren. Das können Logos, Figuren oder einfache Balken in Unternehmensfarbe etc. sein. Je nach Art der Bilder, die Sie auf Ihren Boards zu platzieren gedenken, sollten Sie ein deutlich sichtbares Wasserzeichen oder Ihr Logo in die Bilder integrieren.

Bilder können auch manuell auf Pinterest hochgeladen werden. Sie können sie auch auf einer anderen Seite (der gleichen Domain) pinnen und anschließend mit dem korrekten Ziel-URL versehen. Leider gibt es meines Wissens noch kein Tool, mit dem solche Aufgaben automatisiert werden können. Besonders für Unternehmen mit vielen Produkten wären hier Tools der Enterprise-Klasse notwendig. Bisher handelt es sich aber noch um eine manuelle Aufgabe, die durch Manpower gelöst werden muss. Das betrifft glücklicherweise nicht die Bilder. Diese sollten bei Unternehmen mit viel Bildmaterial durch das Media Asset Management (MAM) verwaltet werden können. Wenn das Unternehmen technisch nicht ganz so gut aufgestellt ist, reicht auch ein Workflow in der Bildverarbeitung und eine entsprechende Stapelverarbeitung. Auf diesem Weg können dann, wenn Sie möchten, auch Preisangaben in Bilder integriert werden oder andere Angaben, die Sie beispielsweise für Aktionen benötigen.

6.3.2 Regeln für den Erfolg bei Fotos

Curalate, ein Anbieter einer Pinterest-Analytics- und Management-Lösung, hat seinen Datenbestand untersucht und daraus einen kleinen Erfolgsleitfaden generiert. Ich finde das schon sehr hilfreich. Allerdings sollten Sie beachten, dass diese Vorlieben – zumindest in gewissem Maß – dem sich wandelnden Geschmack unterworfen sind. Zusätzlich können die Ergebnisse etwas dadurch verfälscht sein, dass es Bereiche gibt, in denen Unternehmen aus den USA bereits sehr stark Bilder auf die Plattform pushen und hierdurch die Zahl der Repins etwas sinkt. Gemeint ist hier vor allem der Bekleidungssektor.

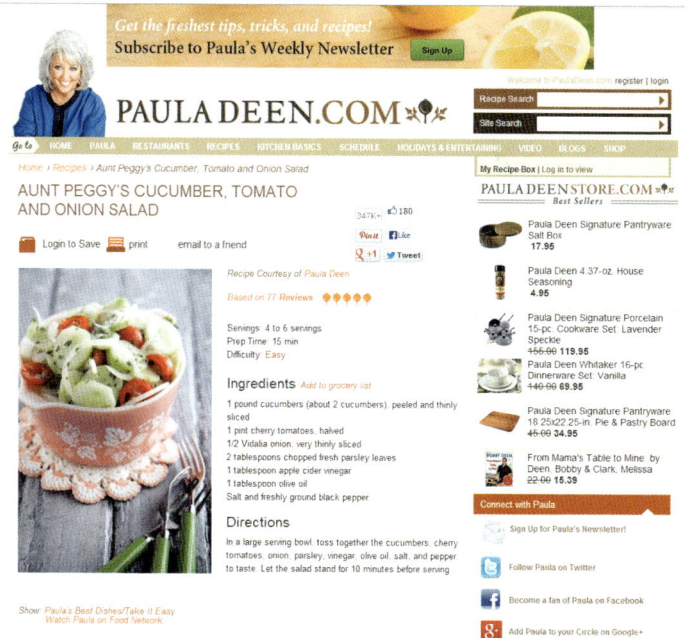

Abb. 6.14: Das erfolgreichste Bild auf Pinterest – Paula Deens Gurkensalat wurde 347.000 Mal gepinnt

- Bilder mit dominierendem Orange bekommen doppelt so viele Repins wie Bilder, die lediglich Blautöne enthalten.
- Bilder mit mehreren dominierenden Farben werden 3,25 Mal öfter weitergepinnt als Bilder, die sich auf einen einzigen Farbton verlassen.
- Bilder mit mittlerer Helligkeit werden 20 Mal häufiger weitergepinnt als Bilder, die sehr dunkel sind.
- Bilder, die zu 50 Prozent gesättigt sind, bekommen vier Mal mehr Repins als Bilder, die zu 100 Prozent gesättigt sind und zehn Mal mehr Repins als Bilder, die völlig entsättigt sind.
- Vertikale Bilder mit einer Ratio zwischen 2,3 und 4,5 bekommen 60 Prozent mehr Repins als sehr hohe Bilder.
- Bilder mit weniger als zehn Prozent Weißraum bzw. Hintergrundfarbe bekommen zwei bis vier Mal mehr Repins als Bilder mit viel Weißraum im Hintergrund (40 Prozent und mehr).
- Bilder mit sanften Texturen werden 17 Mal häufiger weitergepinnt als Bilder mit groben Texturen.
- Kaum zu glauben, aber wahr: Bilder ohne Gesichter bekommen 23 Prozent mehr Repins als Bilder, auf denen ein Gesicht zu sehen ist (z.B. bei einem Model, das ein Kleid trägt).

6.3.3 Grafiken

Auch für Grafiken gilt die Breite von mindestens 736 Punkt – das hilft. Grafiken sind wichtige Elemente der Kommunikation für B2B-Themen auf Pinterest. Hier gibt es sicher nicht umsonst den Trend zu Infografiken. Diese nehmen bei Pinterest großen Raum ein und sind im Feed sehr deutlich sichtbar. Damit dadurch die Nutzer nicht zu sehr behindert werden, werden diese von Pinterest im Feed etwas beschnitten – bei einer Höhe von etwa 2.350 Punkt von oben bemessen. Das heißt aber vor allem, dass der Absender des Pins möglichst auch im Kopf positioniert sein sollte, wenn man besonders hohe Infografiken erstellen möchte, und nicht im Fuß der Grafik, wie meist üblich.

In Infografiken sollten für Ihre Zielgruppe relevante Themen strukturiert aufgearbeitet werden. Dabei sollten Sie zunächst daran denken, Ihren Infografik-Stil zu finden und die Infografik entsprechend der Farben und grafischen Elemente Ihres Unternehmens aufzubauen. Denken Sie also zunächst darüber nach, welche verschiedenen Themen für Ihre Zielgruppe spannend sein können und ob sich diese Themen mittels der folgenden Elemente aufbereiten lassen:

- Diagramme und deren Erläuterung
- Tabellen bzw. Statistiken
- Timelines
- Landkarten
- Kurze Aufzählungen

Abb. 6.15: *Pin erweitern*

Im Idealfall haben Sie ja schon ein eigenes Layout für Ihre Gebrauchs-Grafiken. Sie sollten das Layout für Ihre Infografiken also auf dieser Grundlage entwickeln – so sparen Sie Zeit und reduzieren die Kosten.

Viele Anregungen zur Gestaltung von Infografiken erhalten Sie auf meinen Boards bei Pinterest oder beispielsweise bei visual.ly – einem Toolanbieter für die Generierung von Infografiken.

6.3.4 Preisangaben

Preise werden am einfachsten über die Auszeichnung als Rich Pin (vgl. Abschnitt 6.1.3) eingefügt. Zusätzlich können Preise auch in den Text eingefügt werden. Der Preis erscheint automatisch, weil er unten im Text genannt wurde. Diese Funktion ist bei Pinterest für Dollar ($) und Pfund (£) verfügbar. Man muss dazu zuerst das Symbol tippen und dann ohne Zwischenraum den Preis. Für Euro (€) ist die Funktion (noch) nicht verfügbar. Pins mit Preisangabe werden im Durchschnitt nicht seltener geliked oder repinnt als Pins ohne Preisangabe im Bild. Das ist der Durchschnitt, der von PinReach, einen Anlaytics-Tool-Anbieter ermittelt wurde. Dagegen ist die »Repin-Quote« deutlich niedriger, wenn es sich um Pins von Unternehmen handelt, die den Preis selbst integriert haben. Allerdings umfasste die »Stichprobe« lediglich drei Unternehmen und die Frage hinsichtlich der Zahl der generierten Referrals und des auf diesem Weg erzielten Umsatzes im Vergleich zu Pins ohne Preisangabe wurde nicht beantwortet. Sie sollten also selbst prüfen, bevor Sie sich an unzureichenden »Studienergebnissen« orientierten. Solche Pins erscheinen übrigens auch in der Pinterest-Kategorie »Gift« bzw. »Geschenke«.

6.3.5 Kurztext

Auch bei einem Dienst, bei dem es um das Pinnen von Bildern geht, ist ein Text zum Bild notwendig. Das ist allerdings keine ganz leichte Aufgabe – zumindest in der aktuellen Phase. Warum? – Wirklich gelesen wird er kaum. Größere Texte kann man sich getrost sparen. Allerdings ermöglicht der Text das Auffinden von Bildern. Bei Pinterest kann man nach Personen, Boards und Pins suchen. Entscheidend für die Auffindbarkeit ist, dass der Suchbegriff im Text des Pins auftaucht. Dabei handelt es sich sowohl um den direkt mit dem Pin abgespeicherten Text als auch die Kommentare. Die Kommentare gingen früher stärker in die Suche ein als jetzt. Derzeit scheint es so zu sein, als ob Pinterest tatsächlich das größte Gewicht auf den Beschreibungstext legt. Hinsichtlich der Relevanz der erläuternden Angaben für »Rich Pins« liegen mir leider noch keine Angaben vor. Das Wording für den Kurztext ist eine SEO-Aufgabe!

Der Text muss also potenzielle Suchbegriffe enthalten (Marke, Produktgruppe, Produktname, Einsatzgebiet etc.). Da Pinterest derzeit noch weitgehend englischsprachig ist, wird es auch von deutschen Nutzern noch recht häufig in Englisch benutzt. Sie sollten, selbst wenn Sie ein ausschließlich deutsches Zielpublikum haben, Texte zweisprachig anlegen – zumindest die entscheidenden Begriffe dem Text als Tag anfügen. Sie werden hierdurch viele englischsprachige Follower einsammeln, die in der Erfolgsstatistik die Conversions-Rate negativ beeinträchtigen werden – mehr nicht.

> **Wichtig**
>
> Das Wording für den Kurztext ist eine SEO-Aufgabe!

Wirklich knifflig wird es für Unternehmen, die ihre Zielgruppen in verschiedenen Ländern haben. Wie geht man dann beispielsweise mit dem Preis um, der in den Text integriert, ein Price-Tag für das Bild erzeugt? Hierfür gibt es bei Pinterest derzeit keine Lösung. Bei Twitter findet die Auswahl über den Account-Namen – sprich die Ländererweiterung – und die Sprache der Meldungen statt. Bei Fotos hilft dies kaum. Wenn die Nutzer eines finden, das gefällt, dann interessiert der Text wenig. Es wird repinnt und das unverständliche Deutsch mitunter durch ein »I want This!« ersetzt. Um Unternehmen in dieser Situation zu helfen, müsste Pinterest – wie bereits angemerkt – Länder- oder Sprach-Targeting einführen. Pins würden dann nur in bestimmten Ländern gezeigt. Der Umgang mit Sprache und Preis wäre deutlich einfacher.

6.3.6 Domain & Zieladresse

Beim Pinnen mit dem Pinmarklet wird die Adresse übernommen und die Domain im unteren Bereich des Pins angezeigt. So weit, so gut. Die URL ist editierbar. Das eröffnet eine Reihe von Möglichkeiten für das Marketing. Gleichzeitig entstehen hieraus, besonders bei Unternehmen mit vielen Produkten und häufigen Modellwechseln und die noch dazu in vielen Ländern tätig sind, neue Anforderungen. So müssen die Nutzer beispielsweise auf der richtigen Länderseite ankommen und dort das gewünschte Produkt finden.

Die editierbare URL ermöglicht das Kampagnen-Tracking. In einem eigenen Abschnitt 8.8 gehe ich auf die Möglichkeit des Kampagnentrackings mit Google-Analytics ein. Man kann eine Produktdetailseite direkt aufrufen oder eine Übersichtsseite – sollte diese hinsichtlich der Conversion erfolgsversprechender sein. Gerade wenn man häufige Modellwechsel hat und im eigenen Shop-System keine entsprechenden Redirects einrichtbar sind, können die Pins belassen werden und die Links auf die entsprechende Übersichtsseite ausgerichtet werden. Auch hierfür wäre ein Managementsystem der Enterprise-Klasse hilfreich. Was man keinesfalls machen sollte: Auf den Eintrag einer Adresse verzichten und alleine auf die URL im Text vertrauten, mit der man auch analysieren kann.

6.4 Ein möglicher Workflow

Sie sollten planen, bevor Sie mit Pinnen beginnen. Dabei sollten Sie kalkulieren, wie viele Boards Sie befüllen möchten und wie viel Material Sie zur Verfügung haben. Beginnen Sie rasch und füllen Sie Ihre Boards mit fünf Pins. Schon alleine durch diesen Prozess werden Sie einige Follower gewinnen.

Jetzt sehen Ihre Boards professionell aus und machen einen guten Eindruck. Legen Sie auch die in Ihrer Strategie vorgesehen Cover-Bilder fest.[14] Das ist die Grundlagenarbeit. Nun beginnt der Prozess – ein dauerhafter Prozess, bei dem Sie sich keine allzu großen Lücken erlauben dürfen.

Pinnen sollten Sie auch nicht in großen Schüben – es ist deutlich erfolgversprechender, 30 Bilder in sechs Schritten über den Tag verteilt zu posten, als in den zehn oder 15 Minuten, die ein Block-Posting in Anspruch nehmen würde.

Die Schritte:

1. Kalkulieren Sie zunächst die Menge des Materials, das Sie zum Pinnen zur Verfügung haben (eigenes und eine potenzielle Repin-Summe). Mittelfristig brauchen Sie ohnehin mehr visuelles Material – das sollten Sie auch in den entsprechenden Plänen festhalten
2. Pinnen Sie in kleinen Blöcken über den Tag verteilt.
3. Suchen Sie ein- bis zweimal die Woche nach folgenswerten Accounts. Das müssen nicht viele sein, aber so gewinnen Sie Follower, die Ihren Inhalt verbreiten. Sie können auch wieder entfolgen.

---

14. Später sollten Sie solche Bilder nehmen, die oft repinnt wurden – das sind oft genug nicht die, von denen man das erwartet hätte.

4. Prüfen Sie, welche Typen von Pins zu welchen Zeiträumen erfolgreich sind, und dokumentieren Sie das. Achten Sie dabei darauf, dass Sie weitgehend das Engagement aus den Zielregionen berücksichtigen.
5. Wiederholen Sie diesen Vorgang einige Wochen, dann beziehen Sie auch Punkt 6 ein. Bevor Sie sich nicht sicher fühlen, übernehmen Sie keine neuen Wünsche von Stakeholdern – erst dann beziehen Sie auch Punkt 7 ein.
6. Experimentieren Sie auch mit größeren oder kleineren Mengen von Pins.
7. Wenn Stakeholder bestimmte Inhalte für pinnenswert halten, dann machen Sie das einfach und belegen Sie das Ergebnis mit Zahlen.

Es gibt inzwischen zwar Tools zum zeitversetzten Pinnen. Dennoch muss die Eingabe der Ziel-URL manuell erledigt werden, wenn man beispielsweise mit Google-Analytics tracken möchte. Es empfiehlt sich deshalb, einen detaillierten Redaktionsplan zu entwerfen, vielleicht in Excel, in dem alle notwenigen Daten vorhanden sind. Die konkrete Anlage der Pins kann dann von einer Hilfskraft ausgeführt werden. Hinsichtlich der notwenigen Repins sollte die Hilfskraft geschult werden. Es geht darum,

- welche Repins gewünscht sind,
- welche davon getrackt werden sollen und
- ob und wie gegebenenfalls anderssprachige Kurztexte um deutschen Text erweitert werden sollen bzw. welche Texte vollständig ersetzt werden müssen.

Bei Repins sollte bitte nicht die Ziel-URL geändert werden (verstößt gegen die Pin-Etiquette).

Kapitel 7
Fans finden & Pins verbreiten

7.1	Repinnen & liken	162
7.2	Selbst folgen	163
7.3	Gewinnspiele	164
7.4	Dienstleister & Kollegen	171

Pinterest ist kein Social Network wie Facebook, in dem man als privater Nutzer Freunde einsammelt und Pages folgt, wenn diese einem gefallen. Als Unternehmen möchte man Fans haben – richtige Fans, keine gekauften. Bei Twitter wird gefolgt, private Nachrichten sind eher selten. Google+ ist irgendwie alles auf einmal. Ja – und Pinterest – bei Pinterest frönen wir unserer Sammelleidenschaft. Wir sammeln Bilder, zeigen Bilder und freuen uns, wenn diese anderen Nutzern gefallen, diese unsere Pins weiterpinnen, und noch mehr, wenn wir Follower gewinnen.

In diesem Kapitel geht es darum, wie Sie es schaffen, Ihre Pins zu verbreiten und damit möglichst Besucher für eine Website zu gewinnen oder den einen oder anderen Euro zu verdienen.

7.1 Repinnen & liken

Wenn Sie nur Objekte von Seiten pinnen, dann werden Sie auch den einen oder anderen Follower finden. Aber so richtig viele Follower werden das nicht sein. Unternehmen haben die Möglichkeit, Badges auf ihren Seiten zu platzieren, für den eigenen Pinterest-Account zu werben und auf diesem Weg den einen oder anderen Nutzer für sich zu gewinnen. Privaten Nutzern bleibt dieser Weg versperrt.

Private Nutzer neigen ohnehin zum Weiterpinnen und Liken. Sie gewinnen Follower durch ihr Pinnen. Wenn sie selbst über Pinnwände verfügen, die den Nutzern gefallen, von denen sie gepinnt haben. Ich selbst schaue mir auch die Accounts an, die viel von mir pinnen. Mitunter haben diese Nutzer ja auch gute Quellen. Dabei muss man das noch nicht einmal übertreiben. Ich folge z.B. nur sehr wenigen anderen Accounts und Boards.

> **Wichtig**
>
> Mindestens 30 Prozent Ihrer Pins sollten Repins sein!

Bei vielen Unternehmen stelle ich allerdings fest, dass diese stur nur aus eigenen Quellen pinnen und ganz offensichtlich Angst davor haben, anderen Boards zu folgen. Das ist aus meiner Sicht kein effektives Verhalten. So wird lediglich etwas wie ein Schaufenster gebaut. Die wirklich wichtige Regel, wenn Sie Ihre Pins bei Pinterest verbreiten möchten, lautet: Mindestens 30 Prozent der Pins sollten Repins sein.

> **Wichtig**
>
> »Liken« ist wichtiger, um wahrgenommen zu werden, als weiterzupinnen. Unternehmen können auf diesem Weg auch ihren Feed und ihre Boards sauber halten.

Wichtig ist es, in den Benachrichtigungen anderer Nutzer aufzutauchen. Wenn man mehr oder weniger regelmäßig gesehen wird, steigt die Wahrscheinlichkeit, neue Follower zu gewinnen. Dabei sinkt die Wahrscheinlichkeit, wahrgenommen zu werden, wenn Sie Pins repinnen, die sehr häufig weitergepinnt werden. Deshalb sollten Sie auch hin und wieder einen Like vergeben. Diese sind weitaus seltener als die Repins, und die Wahrscheinlichkeit ist höher, wahrgenommen zu werden. Sie erscheinen auf diese Weise oft auch doppelt in den Benachrichtigungen, wenn Sie gleichzeitig liken und repinnen.

7.2 Selbst folgen

Pinterest macht keinen Spaß, wenn Sie anderen Accounts nicht folgen. So hat man viel zu wenig Futter, zu wenig »Inspiration« – wie es Pinterest ausdrücken würde. Gleichzeitig sind Fans natürlich wichtiger als Repins und Likes. Die Wahrscheinlichkeit, zurückgefolgt zu werden, ist groß, wenn man einem Account oder einem Board folgt. Nutzer, die Follower oder Likes bekommen, schauen sich oft die Boards derer an, die ihnen folgen.

Für Unternehmen ist das Folgen noch wichtiger. Fans eines Unternehmens, denen dieses folgt, sind motiviert, noch einiges für das Unternehmen zu tun. Gleichzeitig sehen Sie die Aktivität des Fans in Ihrem Feed und bekommen einen Eindruck davon, was einer besonders wichtigen Zielgruppe gefällt – also nicht nur die eigenen Produkte. Man erfährt etwas über Verwendungszusammenhänge und die Einbettung in die »Gefallensstruktur«.

> **Tipp**
>
> Selbst folgen: Forcieren Sie die Verbreitung Ihrer Pins und lernen Sie gleichzeitig den Lifestyle Ihrer Fans kennen.

Mir ist schon bewusst, dass der Feed so sehr voll wird. Gleichzeitig bin ich überzeugt davon, dass Pinterest bald entsprechende Features einführt, um an dieser Stelle etwas bequemer arbeiten zu können. Ansonsten sollten Sie Accounts ruhig auch mal wieder entfolgen, um Ihren Feed zu bereinigen.

7.3 Gewinnspiele

Gewinnspiele sind eine sehr gute Möglichkeit, die Viralität des eigenen Accounts zu steigern und damit gleichzeitig die Verbreitung der eigenen Pins zu erhöhen. Das ist schön und gut so – führt aber quasi automatisch zu Auswüchsen, die nicht gewünscht sind. Sie sollten das Instrument als einen Weg verstehen, um Nutzer auf die eigenen Aktivitäten bei Pinterest aufmerksam zu machen und um die Verbreitung ein wenig zu pushen. Wenn durch die Übermotivation der Gewinnspielteilnehmer andere Nutzer von Pinterest gestört werden, ist das kontraproduktiv.

Pinterest hat Gewinnspielrichtlinien aufgestellt, um dem Treiben um »Pin to Win!« etwas Einhalt zu bieten – auch wenn der Gedanke für Unternehmen natürlich naheliegend ist. Man sagt den Besuchern seiner Seite, dass unter den Pins aus einem bestimmten Bereich und einem bestimmten Zeitraum das jeweils gepinnte Produkt verlost wird. Sicher – Pinterest hat die Einschränkungen in diesem Bereich nicht nur aufgestellt, um die Nutzer zu schonen. Die Plattformen wollen auch mit den potenziellen Gewinnspielanbietern verdienen. Da diese Richtlinien den Rahmen für Ihren Umgang mit Gewinnspielen bilden, behandele ich diese zuerst.

7.3.1 Die Richtlinien

Genau wie Facebook hat auch Pinterest Gewinnspielrichtlinien. Den beliebten »Pin To Win«- oder »Pin It To Win It«-Wettbewerben wird ein Rahmen vorgegeben, an den sich die Inhaber der Accounts halten müssen. Wenn dem nicht so ist, drohen negative Sanktionen. Früher konnte man noch machen, was man wollte. Vor allem das »Pin2Win«-Prinzip hat neben den großen Erfolgen und der damit einhergehenden Beliebtheit zu Auswüchsen geführt, die weder für die Plattform noch für viele Nutzer akzeptabel waren.

Das sollten Sie machen

Menschen Dinge entdecken lassen, die sie inspirieren

In erster Linie geht es bei Pinterest darum, Menschen Dinge entdecken zu lassen und zu inspirieren. Dabei geht »Qualität« vor »Quantität«. Das habe ich bereits in den Abschnitten über die Erfolgswahrscheinlichkeit für Bilder erwähnt. Die Bilder sollen schön sein und zu dem passen, was man auf Pinterest normalerweise findet. Immer beliebt sind in diesem Zusammenhang Suchspiele auf der eigenen Website.

Einfache und klare Regeln

Je leichter Nutzer verstehen, wie sie an dem Gewinnspiel teilnehmen können und worum es geht, desto eher werden sie auch daran teilnehmen und Spaß daran haben. In diesem Sinne sind »Pin To Win«-Spiele ideal. Allerdings dürfen die Teilnehmer nicht unbegrenzt viel pinnen.

Beachten Sie Pinterests Anti-Spam-Regeln

Sie sollen keinen Spam forcieren, so weit ist das klar. In seinen Richtlinien fordert Pinterest auf, Richtlinien zu lesen. Nur leider habe ich sie nicht gefunden. Ein explizites Richtlinien-Dokument gibt es nicht, auch keinen Paragrafen in den Nutzungsbedingungen. Gemeint sind wohl die »Brand Guidelines«[15], die natürlich zu beachten sind. Hinsichtlich Funktionalitäten und Quantitäten sind diese allerdings ungenau.

Abb. 7.1: *Durch Captcha-Verifikation wird Spam vermieden.*

Deshalb bleibt nur der induktive Weg. Was macht Pinterest, wenn gespammt wird? Das Pinnen wird erschwert – eine Captcha-Verifikation

---

15. *http://business.pinterest.com/brand-guidelines/*

wird für jeden weiteren Pin für die kommenden Stunden notwendig, wenn die Nutzer zu viel auf einmal pinnen. In Abbildung 7.1 sehen Sie ein Fenster, wie es Nutzer zu sehen bekommen, wenn diese von Pinterest als potenzielle Spammer identifiziert wurden. Bedenken Sie also, ob Sie Kunden in eine solche Falle laufen lassen möchtest.

Beachten Sie die Pinterest-Markenrichtlinien

Sie sollten die normalen Gepflogenheiten im Geschäftsleben beachten und das Logo von Pinterest nicht verunstalten, es rotieren, Farben verändern, es stauchen, es mit Effekten versehen oder einen falschen Anschein erwecken. In Abbildung 7.2 sehen Sie Beispiele dafür, was Sie nicht machen sollten.

Abb. 7.2: *Das sollten Sie mit dem Pinterest-Logo nicht machen (Quelle: Pinterest-Markenrichtlinien).*

Stellen Sie Gewinnspielrichtlinien auf – dafür sind Sie verantwortlich, nicht Pinterest

Sie sollen natürlich nur solche Gewinnspiele veranstalten, die mit dem deutschen Recht, Ihren und den Nutzungsbedingungen von Pinterest in Einklang stehen. Weisen Sie auf diese Richtlinien hin und lassen Sie diese durch einen Rechtsbeistand prüfen.

Das sollen Sie nicht machen

Behaupten Sie nicht, dass Pinterest Ihre Marke oder das Gewinnspiel sponsert oder unterstützt

Dass man bei der Wahrheit bleiben muss, ist klar – oder? Wenn Sie einen Vertrag mit Pinterest haben, dann dürfen Sie das sicher behaupten. Wenn dem nicht so ist, sollten Sie bitte die Finger davon lassen.

Fordern Sie niemanden dazu auf, von einer Auswahl zu pinnen – lassen Sie sie ihre eigenen Bilder pinnen

Ach wäre das schön, eine Auswahl zum Pinnen vorzugeben und so die Verbreitung wichtiger Produkte zu unterstützen! Das ist im Fall von Abverkäufen genauso wichtig wie bei der Produktneueinführung – es ist sozusagen das Basiskonzept von »Pin to Win«. Aber genau das verbietet Pinterest. Auffällig werden bei Pinterest Verstöße, wenn ungewöhnlich häufig Pins aus einem bestimmten Verzeichnisbaum einer Website gepinnt werden – also beispielsweise, wenn »promotion« immer in der Adresse steht. Die Regel lässt sich umgehen, wenn Sie die Nutzer zum Suchen von Bildern auf der eigenen Seite motivieren.

Bringen Sie niemanden dazu, Gewinnspielrichtlinien zu pinnen oder weiterzupinnen

Mir ist das häufig auf Instagram begegnet und ich finde es absolut nervig. Selbst wenn Pinterest diese Richtlinie nicht hätte, würde ich davon abraten. Warum? Es ist ganz sicher kein schönes Bild – darum! Wenn Sie auf Ihr Gewinnspiel hinweisen möchten, dann machen Sie das bitte auf anderen Plattformen. Facebook und Twitter eignen sich wunderbar dazu. Wenn Sie einen Newsletter haben, dann ist auch dieser ein guter Ort für einen Hinweis. Gewinnspielrichtlinien sind aus der Sicht von Pinterest Spam, weil sie keine schönen Bilder sind.

Veranstalten Sie keine Gewinnspiele, bei denen jeder Pin, Repin, erstellte Pinnwände, Likes oder das Fanwerden auch gleichzeitig eine Teilnahme bedeuten

Dies ist nicht ganz leicht zu verstehen. Es geht Pinterest dabei darum, Spam zu vermeiden und übermäßiges Pinnen zu verhindern. Eigentlich nennt Pinterest noch einen weiteren Punkt hierzu. Die Regel bedeutet nicht, dass Sie grundsätzlich keine »Pin to Win«-Spiele mehr durchführen dürfen. Es geht vielmehr darum, dass nicht automatisch jede Nutzeraktion auf Ihrer Seite eine Teilnahme bedeutet. Sie sollen Regeln für die Teilnahme anfertigen und Leute, die teilnehmen möchten, müssen sich registrieren.

Spornen Sie nicht zu spamhaften Verhalten an, wie etwa dem Aufruf zu kommentieren

Pinterest will keinen Spam. Das habe ich schon mehrfach geschrieben. Es sind einfach viele Punkte, die Pinterest nennt und die in diesem Zusammenhang stehen. Der Aufruf, zu kommentieren und zu liken, ist bei Facebook sehr beliebt. Dort geht es darum, den Edge-Rank zu manipulieren.

Bei Pinterest sind mir ähnliche Verfahren wie der Edge-Rank noch nicht aufgefallen. Es hätte also keinen Nutzen für Sie.

Lassen Sie die User nicht durch Pins, Repins, Pinnwände oder Likes abstimmen
Diese Regel bedeutet nicht, dass Sie keine Gewinnspiele durchführen dürfen. Sie dürfen nur nicht mit Pins abstimmen lassen. Das heißt einfach nur, dass in Ihren Gewinnspielregeln nicht stehen darf, dass das Produkt mit den meisten Pins gewinnt oder, wie bei Facebook und einem Pril-Gewinnspiel, der Produktentwurf mit den meisten Stimmen produziert wird. Es geht wieder nur um Spam.

Übertreiben Sie es nicht: Wettbewerbe veralten schnell
Da hat Pinterest recht. Nur mit Gewinnspielen arbeiten, um möglichst viele Follower zu gewinnen und eine hohe Viralität zu erreichen, ist auch nicht die Lösung. Setzen Sie Gewinnspiele sparsam ein. Dann können sie ein gutes Instrument sein, um auf ein neues Pinterest-Engagement hinzuweisen oder wieder einmal die Nutzung etwas aufzufrischen.

Fordern Sie nur ein Minimum an Pins: Ein Pin ist genug
Pinterest ist, was Spam betrifft, echt hart bei der Sache. In Ihren Gewinnspielrichtlinien dürfen Sie nicht mehr als einen Pin fordern, der die Teilnahme an dem Gewinnspiel sichert. Sobald Sie mehr fordern, verstößt dies gegen die Richtlinien. Es besteht allerdings auch keine Notwendigkeit, die Menge an Aktionen und Pins auf eine zu beschränken.

7.3.2 Beispiele für Wettbewerbe und Gewinnspiele

Viele Spiele, die bekannt wurden, sind aufgrund der neuen Richtlinien von Pinterest nicht mehr möglich. *Victorias Secret* war eines der bekanntesten »Pin to Win«-Spiele. Dabei ging es um das Anlegen eines Boards mit mindestens drei Produkten von der Website. Sogar die E-Mail-Lösung *Emailvision* war auf einen ähnlichen Zug aufgesprungen.

Peugeot Panama

Das Spiel von Peugeot Panama ist sicher das bekannteste Pinterest-Spiel. Mittlerweile gibt es den Account nicht mehr. So war das Spiel gestrickt:

Dies ist ein 5-teiliges Puzzle von einem Peugeot 3008, wie Sie sehen können, gibt es 4 Stücke, die fehlen. Suchen Sie diese auf unserer Website (peugeot.com.pa) oder auf unserer Facebook-Fan-Seite, hängen Sie diese an Ihre eigene Pinnwand und teilen Sie diese mit uns. Die ersten 5 Personen, die ihre Pinnwände vervollständigen, gewinnen![16]

Erlaubt wäre dies nach den neuen Regeln für Gewinnspiele leider auch nicht mehr. Die Nutzer werden dazu aufgefordert, vier Teile zu suchen. Ich wäre hier nicht so streng. Die Teilnehmer hätten Spaß und kreativ ist das Spiel auch. Allerdings bringt das Spielchen nichts hinsichtlich Viralität. Puzzle-Teile werden wohl kaum geliked. Ist der ausgelobte Gewinn jedoch groß genug und Sie machen auch kräftig Werbung außerhalb von Pinterest, können Sie so neue Follower gewinnen.

Puzzle-Spiele sind also nur dann sinnvoll einsetzbar, wenn man Nutzer von außen auf den eigenen Account ziehen möchte. Übrigens hatte Peugeot Panama selbst Probleme mit Spam: Das Spiel bestand ja darin, etwas auf Gruppen-Boards zu pinnen. Um darauf pinnen zu können, musste man eingeladen sein und zum Zeitpunkt des Spiels war es für den Einrichter eines Boards noch nicht möglich, die Pins von Teilnehmer zu löschen.

Abb. 7.3: *Das Peugeot-Panama-Pinterest-Game*

---

16. Der Text war im Original in Englisch. Ich habe ihn übersetzt.

Sleeveless Cropped Stripe Top at Free
People Clothing Boutique - StyleSays

1 comment

 Aqua Miller from stylesays.com

 Peugeot Panamá Once again Aqua...thank you for contributing but this pin doesn't apply to the subject of the board. Please remove it.

Abb. 7.4: *Der Versuch, Spammer zum Rückzug zu bewegen*

Ansatzpunkte

Gewinnspiele, bei denen Follower Bilder auf dafür vorgesehenen Boards einstellen sollen, eignen sich recht gut. Es geht um Kreativität und es ist auch mit einzelnen Bildern möglich. Ansatzpunkte hierfür können sein:

1. Das Produkt am Ort XY
2. Besondere Einsatzformen von Produkten
3. Tiere und das Produkt etc.

Dabei können Sie prinzipiell das Bild gewinnen lassen, das die meisten Likes und/oder Repins bekommt. Der Nachteil bei solchen Spielen besteht darin, dass die Nutzer etwas auf ein Board des Accounts pinnen müssen.

Um das zu können, müssen sie vorher Follower werden (oder man muss ihre E-Mail-Adresse haben) und dann müssen Sie sie auch noch einladen. Das ist ein recht komplexer Verwaltungsprozess. Glücklicherweise sind Sie vor dem Risiko, dass unerwünschte Bilder gepinnt werden und Sie diese selbst nicht mehr entfernen können, mittlerweile sicher: Wer ein Board einrichtet, darf jeden darauf befindlichen Pin auch löschen – gleich ob dieser selbst gepinnt wurde oder von einem Teilnehmer. Um über jeden neuen Pin informiert zu werden, sollten Sie die entsprechende Option in den Board-Einstellungen aktivieren.

Natürlich eignen sich auch Suchspiele oder Verbreitungsspiele. Verbreitungsspiele sind einfach solche, bei denen Sie unter den neuen Followern eines bestimmten Zeitraums etwas verlosen. Bei Suchspielen müssen Follower etwas auf Ihrer Website suchen und anschließend pinnen.

7.4 Dienstleister & Kollegen

Wenn eine Social-Media-Plattform erfolgreich startet, gibt es Unternehmen, die als Dienstleister an diesem Erfolg partizipieren möchten. Das sind einerseits Unternehmen, die Werkzeuge technischer Natur anbieten, und andererseits Dienstleister, die oft genug Wunder versprechen. Ein spezieller Typ Dienstleister sind die Verbreitungsexperten. Diese versprechen, dass sie Pins unter die Leute bringen und dabei für eine gewaltige Verbreitung sorgen. Das stimmt mitunter schon. Doch beruht die Methodik mehr oder weniger auf dem, was uns als Spam bekannt ist. Die Dienstleister züchten Accounts – auf welchem Weg, ist eigentlich gleich. Diese Accounts versuchen, Follower zu gewinnen, denen das entsprechende Material nahegebracht werden soll. Lassen Sie bitte die Finger von solchen Dienstleistern!

Vorsicht
Finger weg von Spam!

Ein aus meiner Sicht viel sinnvollerer Weg besteht darin, Mitarbeiter, Kollegen, Kooperationspartner, Sponsoring-Partner und Freunde dazu zu bringen, öfter mal zu pinnen oder gleich zwei Handvoll Accounts selbst zu betreiben. Sicher, so entsteht nicht der »Kampagnen-Druck«, der von den Dienstleistern versprochen wird. Aber so können Sie langsam und systematisch die Verbreitung aufbauen und Fans gewinnen. Bedenken Sie: Es geht vorwiegend um die Verbreitung von Pins. Wenn Sie bei einem Großunternehmen ein Team von Pinnern haben, ist es möglich, den gleichen Pin zu unterschiedlichen Zeiten zu pinnen und noch dazu mehrfach. Bei kleineren Unternehmen reichen schon zwei oder drei Kollegen, die pinnen. Alternativ können Sie einfach mehrere Accounts für sich selbst anlegen und zu unterschiedlichen Zeiten pinnen. Übrigens: Das angesprochene Team muss nicht ausschließlich aus der Marketing-Abteilung kommen. Ein Hinweis im Intranet oder auf Yammer wirkt da schon wahre Wunder. Mitarbeiter pinnen dann in ihrer Freizeit zum Wohl ihres Arbeitgebers. Sie müssen sich auch keine Gedanken darüber machen, ob Sie die Kollegen ausnutzen – Pinnen macht Spaß.

# Kapitel 8

Pinterest-Analytics

8.1 Das Pinterest-Werkzeug 174
8.2 Pins von den Seiten der Wettbewerber 177
8.3 Datenaufbereitung der Follower, Pins, Repins &
 Kommentare 180
8.4 Strukturierung der Daten 189
8.5 Sentiment? 189
8.6 Pins eigener Produkte von fremden Websites 190
8.7 Tracking von Pins auf der eigenen Website 191
8.8 Tracking des Referral-Traffic 191

Wenn man sich auf eine neue Plattform einlässt, kann man das natürlich wie der junge Mann im Frühling machen und diese einfach blind ausprobieren. Vielleicht hat man ja sogar eine Social-Media-Abteilung und ein Mitarbeiter hat ungefragt einen Account eingerichtet. So sollten Unternehmen in der Regel nicht vorgehen. Sie sollten zunächst das Potenzial einer Plattform beurteilen, um dann mit strukturierten Aktivitäten zu beginnen. In Abschnitt 2.3 habe ich hierfür Material aufbereitet, das für eine erste Abschätzung genügt. Sobald Sie aber tatsächlich beginnen, sollten Sie analysieren und monitoren, um die Effektivität der Plattform im Kontext der übrigen Social Networks sauber einschätzen zu können. In diesem Kapitel geht es darum, welche Daten Sie für bestimmte Aufgaben gebrauchen könnten, welche Werkzeuge es gibt und wie Sie die Analytics auf Pinterest insgesamt aufbauen könnten.

8.1 Das Pinterest-Werkzeug

Am praktischsten ist es eigentlich immer, wenn ein Plattform-Anbieter ein eigenes Werkzeug zur Verfügung stellt. Dann kann man schauen, was an Daten erhoben wird und wie diese aus der Sicht des Anbieters auswertbar sind. Die Facebook Insights sind ein gutes Beispiel hierfür. Damit können Sie die eigene Facebook-Page analysieren und aus dem Verhalten Ihrer Fans Schlüsse ziehen, obwohl es in der Facebook-API noch viele Daten gibt, die ein Benchmarking mit Wettbewerbern ermöglichen. Nach dem gleichen Prinzip arbeitet Pinterest auch. Allerdings ist das Spektrum an Informationen, das man zu sehen bekommt, anders. Pinterest konzentriert sich vorwiegend darauf, die Aktivität hinsichtlich der Pins von der verifizierten Website eines Accounts zu analysieren. Damit steht die Website des Unternehmens im Mittelpunkt der Analyse, und nicht der Business-Account mit seinen Followern und der Verbreitung von Pins durch die Aktivitäten auf dem Account.

> **Hinweis**
>
> Pinterest-Analytics steht ausschließlich Business-Accounts mit verifizierter Website zur Verfügung. Analysiert wird die Pin-Aktivität bezüglich dieser verifizierten Website. Die Auswertungen reichen maximal bis zum 1. November 2012 zurück.

Das Analytics-Tool sollte man also im Zusammenhang mit dem Business-Modell von Pinterest verstehen. Die Plattform will in erster Linie Traffic für Websites liefern und in absehbarer Zeit daran verdienen.

Wenn Sie also vorwiegend Pins von anderen Websites pinnen und dies Ihr Kommunikationsverfahren zur Gewinnung von Followern ist, über die Sie mitunter auch eigene Botschaften verbreiten möchten, dann werden hierfür kaum Angaben in den Pinterest-Analytics gezeigt. Das ist schade – besonders für mich, der vorwiegend Infografiken pinnt. Mich interessiert zum Beispiel, wer meine wichtigsten Follower sind und wie sich meine Pins verbreiten. Deshalb komme ich nicht umhin, auch andere Werkzeuge zu benutzen. Es gibt auch noch weitere Fragestellungen, die mit dem Pinterest-Tool nicht beantwortbar sind. Doch dazu weiter hinten.

Wenn Sie allerdings vorwiegend Pins von Ihrer eigenen Website auf Pinterest platzieren und wissen möchten, was sonst noch von Ihrer Website gepinnt wird, dann sind Sie schon recht gut bedient: Pinterests erstes Element sind die »Site Analytics«. Darin wird gezeigt, wie viele Pins von Ihrer Website gepinnt wurden und durch wie viele Pinner. Sie selbst werden auch darunter subsummiert, wenn Sie von Ihrer Website Pins setzen. Folgende Measures werden ausgewiesen:

1. **Pins**: die tägliche Durchschnittszahl an Objekten, die von Ihrer Website zwischen Datum 1 und Datum 2 gepinnt wurde
2. **Pinners**: die tägliche Durchschnittszahl unterschiedlicher Personen, die zwischen Datum 1 und Datum 2 von Ihrer Website gepinnt haben
3. **Repins**: die tägliche Durchschnittszahl von Pins, die von Ihrer Website zwischen Datum 1 und Datum 2 repinnt wurden
4. **Repinners**: die tägliche Durchschnittszahl unterschiedlicher Personen, die zwischen Datum 1 und Datum 2 von Ihrer Website weitergepinnt haben
5. **Impressions**: die tägliche Durchschnittszahl an Sichtkontakten Ihrer Pins in Feeds, Suchen oder auf Boards in Web, iOS und Android zwischen Datum 1 und Datum 2
6. **Reach**: die tägliche Reichweite (Personenzahl) Ihrer Pins in Feeds, Suchen oder auf Boards in Web, iOS und Android zwischen Datum 1 und Datum 2
7. **Clicks**: die tägliche Durchschnittszahl an Clicks, die Ihre Pins in Feeds, Suchen oder auf Boards in Web, iOS und Android zwischen Datum 1 und Datum 2 erreicht haben

8. **Visitors**: die tägliche Durchschnittszahl an Besuchern, die Ihre Website zwischen Datum 1 und Datum 2 durch Pinterest gewonnen hat (Referrals)
9. **+/- %**: prozentualer Zuwachs oder Verlust vom aktuellen zum vorigen Zeitraum

***Abb. 8.1**: Die Pinterest-Analytics*

> **Tipp**
>
> Die Datumseingabe hakt etwas. Wenn Sie eine bestimmte Zeitspanne abfragen möchten, ist es am einfachsten, wenn Sie das Datum in der Adresszeile Ihres Browsers editieren.

In den Pinterest-Analytics werden auch noch die neuesten Pins von Ihrer Website gezeigt sowie die beliebtesten Repins und Pins.

8.2 Pins von den Seiten der Wettbewerber

Wenn Sie sich nun dafür interessieren, was von der Website von Wettbewerbern gepinnt wurde, dann lässt sich das im Überblick relativ leicht ermitteln. Pinterest zeigt alle Bilder an, die von einer Domain gepinnt wurden. Dabei ist jeweils sogar die Zahl der Repins enthalten.

8.2.1 Pinterest Source Function

Die Funktion ist relativ einfach:

http://pinterest.com/source/Ihre_Domain/

Wenn Sie an der Stelle von »Ihre_Domain« eine Domain eintragen, bekommen Sie eine Übersicht vergleichbar Abbildung 8.2 angezeigt. Freilich gibt es dabei einiges zu beachten.

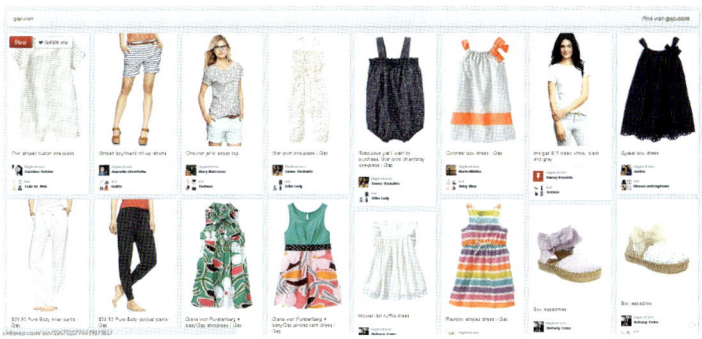

Abb. 8.2: *Pins nach Quell-Domain*

- Es handelt sich lediglich um Pins, die durch die Verwendung des Marklets gemacht wurden.
- Wird ein Bild der gleichen Domain mehrfach direkt gepinnt, so wird es jeweils einzeln angezeigt. Ebenso werden Repins dieser Bilder einzeln zu den Pins zugerechnet.
- Der Zeitraum, für den Ergebnisse gezeigt werden, ist begrenzt.
- Wenn mehrere Domains benutzt werden, müssen alle einzeln analysiert werden.
- Bilder, die kopiert und auf anderen Plattformen eingebunden wurden, können auf diesem Weg nicht erfasst werden.

Sie sollten sich also darüber klar sein, dass etwa ein Siebtel der Pins mit dieser Methode nicht gezählt werden. Das ist durchaus zu verschmerzen. Man könnte prinzipiell einfach hochrechnen. Allerdings ist zu vermuten, dass die Verwendung von Browser-Erweiterungen zunehmen wird. Studien wie die von RJMetrics müssten also regelmäßig durchgeführt werden (vgl. Abschnitt 2.3.3). Zudem müssten Anhaltspunkte hinsichtlich der Verwendung des Marklets und der Nutzer von Browser-Erweiterungen etc. gewonnen werden. Im ersten Schritt ist dies aus meiner Sicht aber nachrangig.

Der Erkenntnis-Gewinn an dieser Stelle ist folgender: Sie sehen, welche Objekte direkt von einer Website gepinnt wurden. Das kann sich beträchtlich von dem unterscheiden, was von der Website selbst gepinnt wird. Hier sollten Sie ein wenig vergleichen. Im Bekleidungsbereich gewinnen Sie so Anhaltspunkte über die beliebten Produkte der Wettbewerber.

Für das strukturierte Arbeiten wäre es zudem ausgesprochen hilfreich, wenn die Daten für ein Bild zusammengefasst erhältlich wären. Von Pinterest werden diese Daten leider nicht in dieser Form angeboten. Die Daten manuell aufzusummieren, ist auch nicht allzu erquicklich. Sie müssen sich also überlegen, ob diese Werte für Sie wichtig sind und sich der Aufwand für Sie lohnt.

8.2.2 PinAlerts

Wem das Verfahren zur manuellen Analyse zu aufwendig ist, wer vielleicht eine kleine Website hat und doch regelmäßig informiert bleiben will, dem empfehle ich PinAlerts. Das ist ein E-Mail-Alert-Werkzeug, wie Sie es vielleicht von den Google Alerts kennen. Dabei geben Sie einfach die Domains ein, die Sie monitoren möchten, und bekommen in den gewünschten Zeitabständen (sofort, stündlich, täglich, pro Woche) eine Mail mit den Informationen zu den gepinnten Objekten. Soweit ich es beurteilen kann, handelt es sich ausschließlich um Pins, die mit dem Marklet oder über die API mit einem anderen Pin-Werkzeug angelegt wurden. Pins, die manuell hochgeladen und mit einer Ziel-URL auf Ihre Website versehen wurden, werden nicht angezeigt, ebenso keine Repins der Objekte.

Here are your latest pins for datenonkel.com

Pin: http://pinterest.com/pin/103512491405619292/
- Image:http://media-cache5.pinterest.com/upload/103512491405619292_iLqMFTKR_b.jpg
- Description:#Pinterest für #Unternehmen - der ultimative Guide für's #Marketing
- Date:2012-05-10 09:30:47

Pin: http://pinterest.com/pin/70437464518992/
- Image:http://media-cache3.pinterest.com/upload/70437464518992_dJd0TbOS_b.jpg
- Description:Pinterest für Unternehmen – der ultimative Guide für's Marketing, erscheint am 9. Mai 2012 - kostenlos!
- Date:2012-05-10 09:30:47

Pin: http://pinterest.com/pin/174514554280981016/
- Image:http://media-cache7.pinterest.com/upload/174514554280981016_xwcnC5po_b.jpg
- Description:...
- Date:2012-05-10 09:30:47

Pin: http://pinterest.com/pin/43980533831227212/
- Image:http://media-cache5.pinterest.com/upload/43980533831227212_RC4ZoQTm_b.jpg
- Description:Anforderungen an Pinterest Analytics & Monitoring
- Date:2012-05-10 09:30:47

Pin: http://pinterest.com/pin/70437464441527/
- Image:http://media-cache7.pinterest.com/upload/70437464441527_zBi5IX3c_b.jpg
- Description:Pinterest: Tracking von Pins der eigenen Website mit Google Analytics
- Date:2012-05-10 09:30:47

Abb. 8.3: *Eine PinAlert-Mail*

Wie Sie in Abbildung 8.3 sehen können, wird die Adresse des Pins gezeigt, die Bild-Adresse, Beschreibung und der Zeitpunkt, zu dem der Pin-Vorgang stattfand. Prinzipiell bekommt man so eine grobe Übersicht hinsichtlich der Menge – ebenso wie in den Pinterest-Analytics. Bezüglich der Inhalte ist das Werkzeug nicht wirklich hilfreich. Die Description kann von den Nutzern editiert werden, die Bilder werden nicht angezeigt und man muss selbst klicken, wenn der Beschreibungstext nicht deutlich für einen selbst ist.

Sicher – für technisch versierte Anwender hat man eine strukturierte Datenbasis und könnte die Mails einer automatisierten Verarbeitung zuführen. Allerdings würde ich mich nicht zu sehr auf die Verfügbarkeit des Werkzeugs verlassen. Nach seiner Einführung im Mai und einigen Blog-Posts im Juni 2012 hat man nichts mehr gehört, auch wenn es im Sommer 2013 immer noch munter vor sich hin mailte.

8.3 Datenaufbereitung der Follower, Pins, Repins & Kommentare

Es wird rasch deutlich, dass gerade für Unternehmen mit vielen Produkten und einem großen Fanpotenzial die oben erwähnte Einfachmethode kaum ausreichen wird, um effizient zu arbeiten.

8.3.1 Maximalanforderung für größere Unternehmen

In einem ersten Schritt müssen die Werte für die Pins gleicher Inhalte zusammengeführt werden. Auf den ersten Blick sieht das nicht schwierig aus: Man zählt die Bilder durch und addiert Repins und Kommentare jeweils auf. Was manuell – also durch den Einsatz menschlicher Arbeitskraft – zwar aufwendig, aber absolvierbar ist, stellt einen Automaten vor eine große Herausforderung. Die Ursache hierfür ist in der Tatsache zu finden, dass Pinterest zumindest in der Bildausgabe jede einzelne Grafik mit einem individuellen Namen versieht. Aus der Perspektive von Pinterest ist dies wahrscheinlich sogar zwingend, damit Bilder, die repinnt wurden, nicht verschwinden, wenn der originale Pin gelöscht wird.

Eine neue Anforderung kommt auf die Social-Media-Analytics und das Social-Media-Monitoring zu: Bilder müssen unabhängig vom Dateinamen erkannt werden oder – und dies ist wahrscheinlich der einfachere Weg – alle Links müssen angeklickt werden, um in einer eigens konstruierten Datenbank jedem Pin eine Ziel-URL zuzuordnen und hierüber die eindeutige Identifikation des Produkts etc. zu gewährleisten. Dennoch ist dies auch keine ganz einfache Aufgabe: Bei Textilwebsites werden Produkte beispielsweise mehrfach an verschiedenen Positionen in die Website eingehängt, es gibt Bekleidungsstücke in unterschiedlichen Farben, die Websites verschiedener Unternehmen funktionieren unterschiedlich etc. In Abbildung 8.4 für *http://pinterest.com/source/bananarepublic.ca/* können Sie gleich drei Bilder doppelt gepinnt finden. Das Pinterest-Analytics-Tool sagt Ihnen an dieser Stelle, dass sechs Pins erfolgt sind, aber eben nicht, welche.

Es geht nun darum, mit welcher Granularität die Anforderung umgesetzt werden soll. Sollten tatsächlich verschiedene Platzierungen auf einer Website und verschiedene Farbvarianten eines Produkts zusammengefasst werden, so sehe ich keine allgemeine Lösung. Es würde sich jeweils um eine individuelle Anpassung pro Website (einer bestimmten Funktionsweise) handeln. Deshalb gehe ich davon aus, dass zunächst der allgemeinere Ansatz hinsichtlich der Zuordnung von Ziel-URLs zu Bildern realisiert wird. Um im daraus generierten Report die Übersicht zu erleichtern, könnte dieser entsprechend eines Pages-Reports in einem Web-Analytics-Tool aufgebaut sein. Dort werden in der Regel die URLs in Verbindung mit den Page Titles gezeigt, um den Nutzern die Übersicht zu erleichtern. Für kleine und mittlere Unternehmen lohnt ein solches Vorgehen kaum – typischerweise handelt es sich um etwas, das in Konzernumfeld umgesetzt wird.

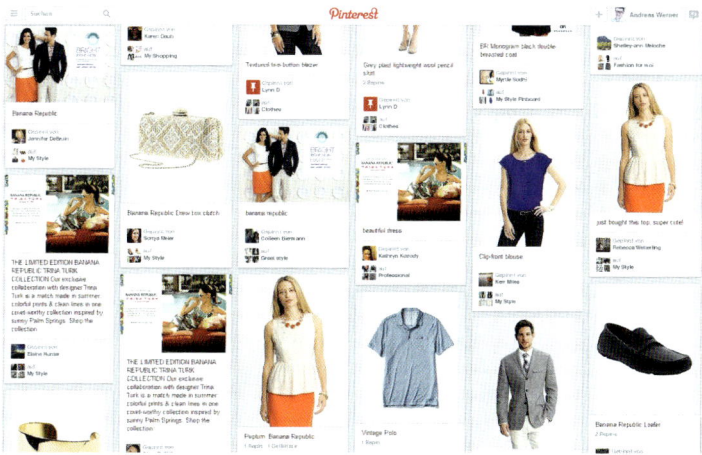

Abb. 8.4: *Mehrfach gleiche Bilder von der kanadischen Banana-Republic-Domain*

Die Dimension wäre in diesem Fall also die URL in Verbindung mit dem Page Title. Als Metriken sollten dienen:

- Zahl der Original-Pins
- Zahl der Likes
- Zahl der Repins
- Zahl der Comments

Diese Auswertung kann für die eigene und beliebige weitere Websites durchgeführt werden. So kann beispielsweise auch die Aktivität für verschiedene Länderwebsites gemessen werden, Wettbewerber können beobachtet werden etc.

8.3.2 Piqora

Nicht jedes Unternehmen (und auch private Nutzer) muss es so genau wissen. Wenn Sie ein Werkzeug suchen, mit dem Sie einige Parameter und Performance-Indikatoren gut abbilden können, dann haben Sie mit Piqora ein umfangreiches Analytics-Tool, das in einigen Bereichen weit über das hauseigene Pinterest-Werkzeug hinausgeht. Mit Piqora ist es möglich, integriert die Referrals auf die eigene Website zu messen.

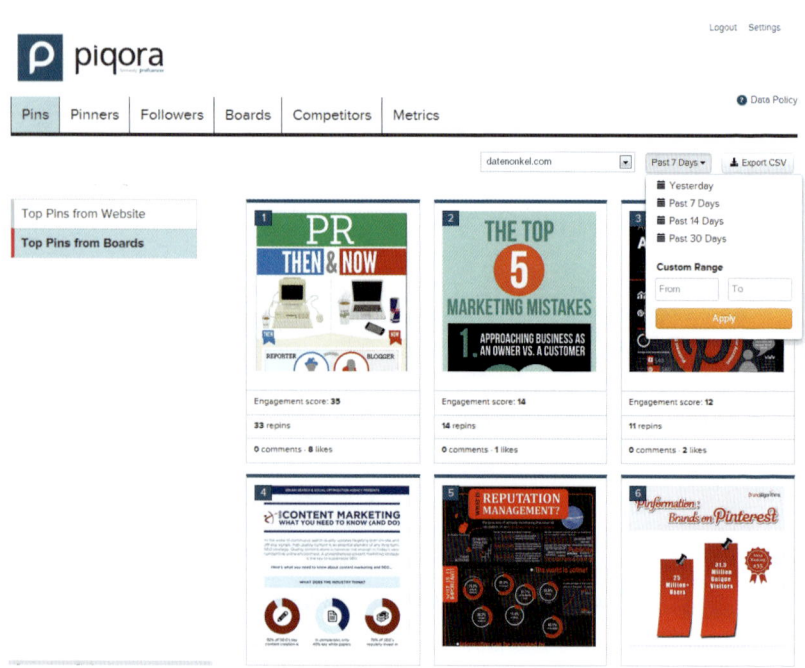

Abb. 8.5: *Piquora Top Pin From Boards*

Datenaufbereitung der Follower, Pins, Repins & Kommentare | 8.3

Der Name des Tools ergibt sich aus »Piq«, was wie »pic« ausgesprochen wird, und dem IQ – also der Intelligenz. Ob Sie den Namen gut finden? Beurteilen Sie es bitte selbst. Das Werkzeug ist auf jeden Fall einer erneuten Betrachtung wert. Es gibt so einige Werte, Elemente und Funktionalitäten, die ich für ausgesprochen hilfreich halte.

Das fängt schon damit an, dass man seine erfolgreichsten Pins in einer Übersicht dargestellt bekommt (Abbildung 8.5) und – das machen viele andere Werkzeuge nicht – auch Zeiträume bestimmen kann. Letztlich erinnert das Menü schon ein wenig an Google Analytics. Das tut der Sache keinen Abbruch: Hilfreich und übersichtlich ist es gemacht. Neben dem kleinen Klappmenü in der rechten oberen Ecke sehen Sie noch etwas, das für die Analytics sehr brauchbar ist: Man kann die Daten als CSV exportieren und damit weiterverarbeiten.

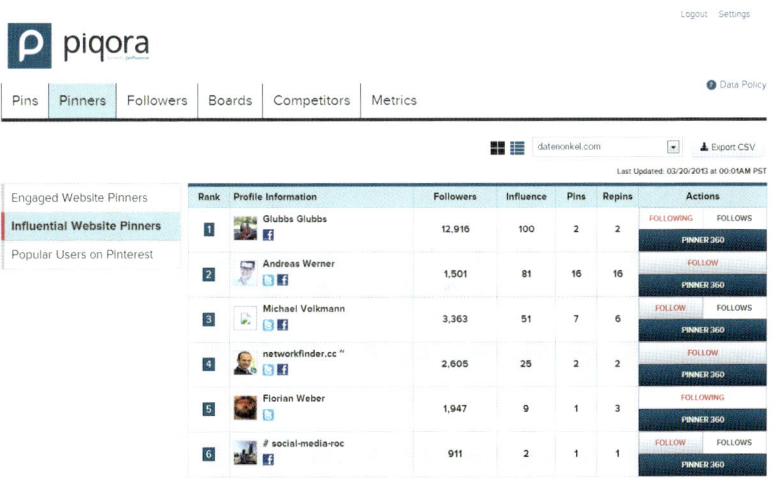

Abb. 8.6: *Piqora Influential Website Pinners*

Man kann auch herausfinden, wer von der eigenen Website pinnt, und sieht gleichzeitig, wie einflussreich die Pinner sind, die da etwas verbreitet haben. Wenn Sie sich Abbildung 8.6 etwas genauer ansehen, dann werden Sie feststellen, dass Piqora auch einen Einfluss-Score ermittelt. Wenn ich mal die Gelegenheit habe, werde ich den noch genauer untersuchen. Er zeigt durchaus andere Ergebnisse als beispielsweise Pinpuff, das ich weiter hinten erläutere.

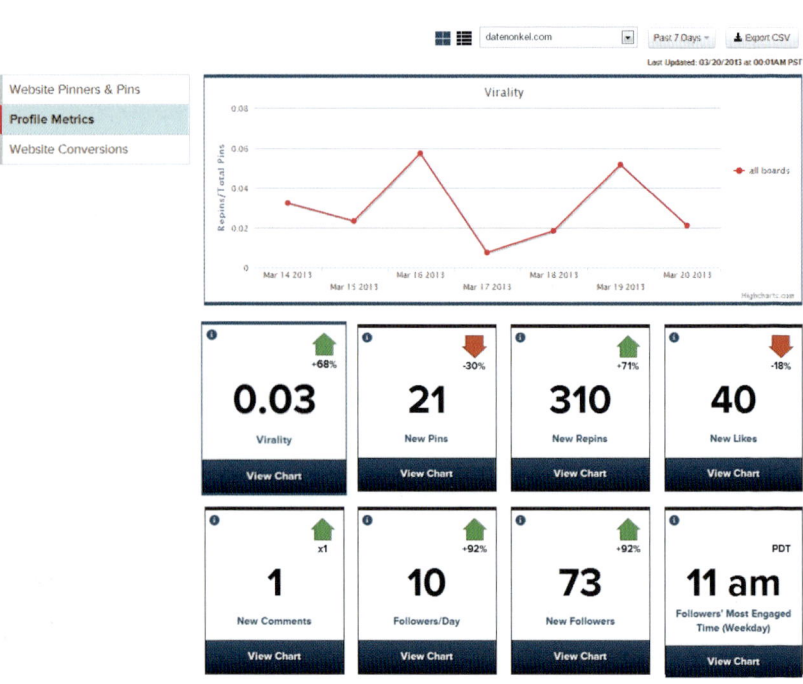

Abb. 8.7: *Piquora Profile Metrics*

Ein richtiges Dashboard gibt es auch. Ein wenig eigenartig ist es schon, dass das Board rechts versteckt ist und diese doch recht wichtigen Zahlen so unauffällig gelagert werden. Immerhin wird eine recht ansehnliche Zahl von Kennzahlen und deren Entwicklung gezeigt:

- Viralität
- Neue Pins
- Neue Repins
- Neue Likes
- Neue Kommentare
- Neue Follower pro Tag (Wow – ich habe 10 neue täglich)
- Die Zahl der neuen Follower im Analysezeitraum
- Das höchste Engagement der Follower (wochentags)
- Das höchste Engagement der Follower (Wochenende)

Teilweise wird die Grafik über den Zahlen noch angepasst, sodass man nicht nur den einen wichtigen Zeitpunkt hat, sondern auch noch einen richtig schönen Verlauf.

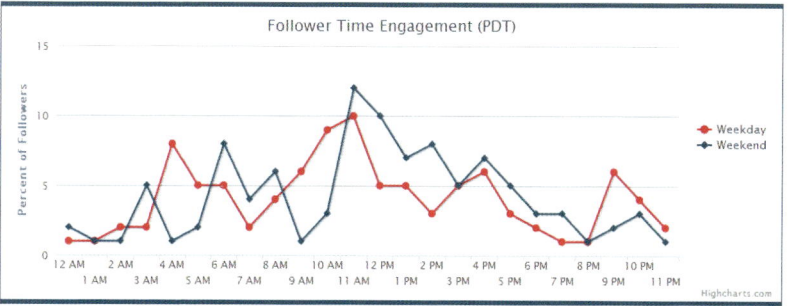

Abb. 8.8: *Piqora Follower Time Engagement*

Und als wäre das noch nicht genug: Piqora hat noch ein besonderes Bonbon für die Freunde der gepflegten analytischen Verfahren. Ich hatte schon an einigen anderen Stellen darauf verwiesen, wie wichtig es besonders im Fall von Social Media ist, Analytics-Werkzeuge miteinander zu verbinden, um Conversions durchmessen zu können. Bisher habe ich immer nur die Möglichkeit gefunden, die Werkzeuge mit Google Analytics zu verbinden. Bei Curalate.com war das beispielsweise so. Das ist schon toll. Aber gerade große Unternehmen setzen oft eine Enterprise-Lösung ein. Hier bietet Piqora mehr Schnittstellen an als einige andere Lösungen:

- Google Analytics
- Adobe
- Coremetrics

Insgesamt ist das Tool übersichtlich und ausgesprochen hilfreich. Was es kostet, kann ich leider nicht sagen. Ich darf das Tool nutzen, weil ich früher mal einen Pinfluencer-Account benutzt habe. Jetzt muss man auf REQUEST DEMO klicken. Dafür darf man dann auch noch zeitversetzt pinnen und zusätzlich gibt es ein Kampagnenmodul.

8.3.3 Curalate

Curalate arbeitet mit einem ähnlichen Ansatz wie Piqora. Es kann auch mit einem Analytics-Tool, Google Analytics, verbunden werden. Zusätzlich wird noch eine Vielzahl der Werte aus den Pinterest-Analytics gezeigt. Schon alleine durch die Aufbereitung der Daten wird sein professioneller Anspruch deutlich. Auch ein Datenexport ist möglich.

Das Tool hat zudem eine Nutzerverwaltung, und verschiedene Accounts können bedient werden. Allerdings kann es derzeit nur mit einem einzigen Google-Analytics-Konto verbunden werden, was ja meistens keine wirkliche Einschränkung darstellt. Etwas gravierender ist die Tatsache, dass nur Referrals und generierte Visits ausgezählt werden. Hier war Pintics (das es leider nicht mehr gibt) im Vorteil, da sowohl die Bounces als auch der generierte Umsatz mit berücksichtigt werden konnten. Dennoch sollte man sich Curalate ansehen. Inzwischen wurden die Defizite möglicherweise beseitigt, und die Möglichkeit zum Datenexport per CSV ist besonders hinsichtlich der Optimierung von Prozessen von Vorteil. Der Vorgang kann automatisiert werden und Datenübertragungsfehler werden reduziert.

Datenaufbereitung der Follower, Pins, Repins & Kommentare 8.3

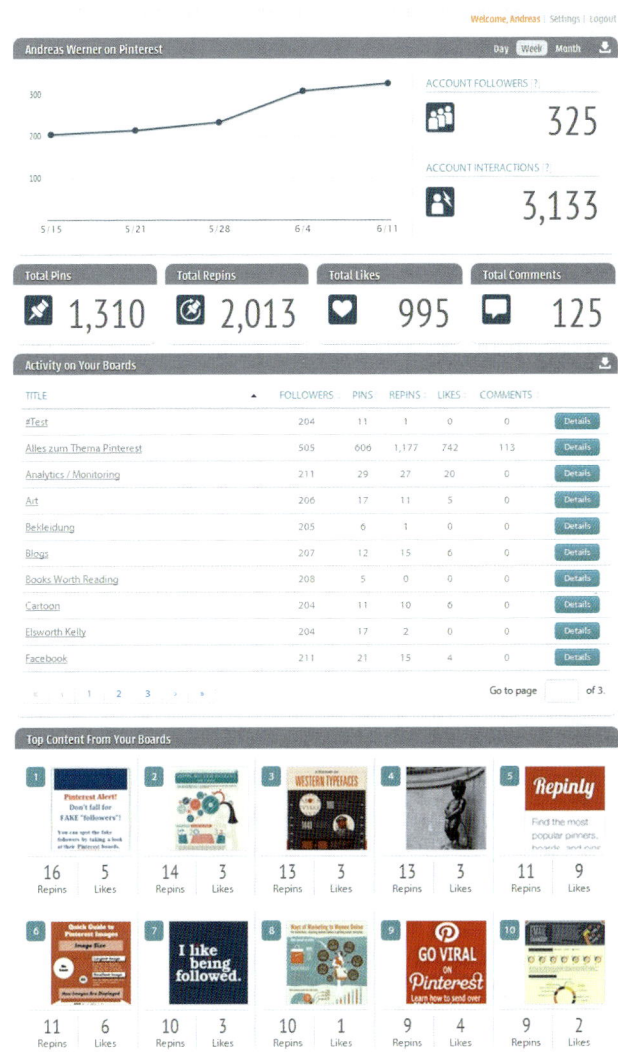

Abb. 8.9: Das Curalate-Dashboard

8.3.4 Pinpuff

Möglicherweise benötigen Sie ja nur eine kleine Übersicht Ihrer Daten und wollen nur wissen, wie viele Pins Sie in welchem Board haben und wie oft diese weitergepinnt wurden, wie viele Likes es gab etc. Bei Pinpuff wird das Ganze noch um einen Indexwert ergänzt, einen Score.

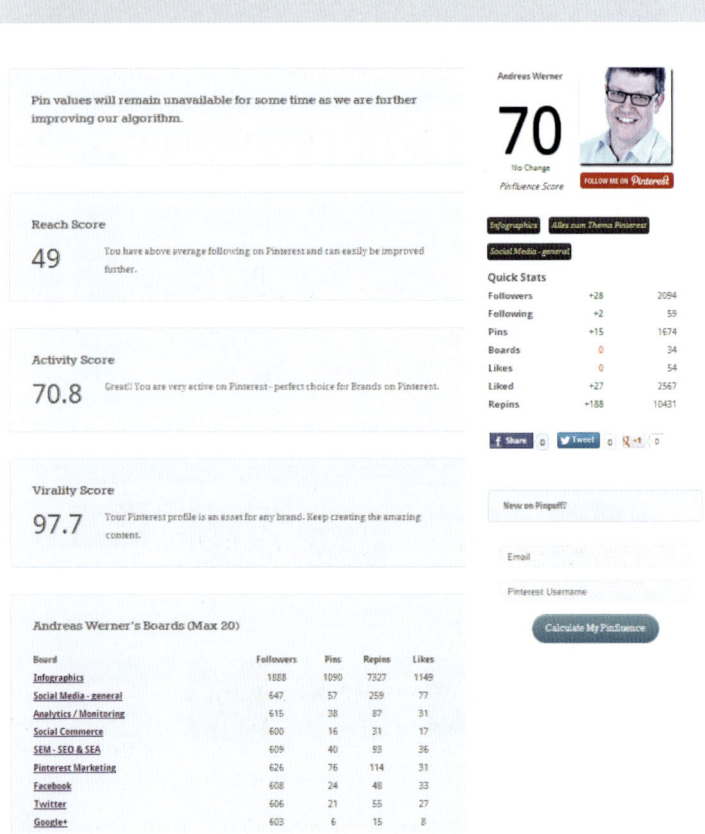

Abb. 8.10: Das Pinpuff-Dashboard

8.4 Strukturierung der Daten

Bei den bisher analysierten Daten handelt es sich um quantitative Daten, die durchaus mit denen von Facebook vergleichbar sind. Dabei sind im Grunde genommen alle Pins, die ausgehend vom eigenen Account nicht selbst gesetzt wurden, »viral« – um in der Facebook-Nomenklatur zu bleiben. Insgesamt lassen sich die Daten abbilden, wie dies bei Facebook seit Herbst 2011 gemacht wird.[17] Allerdings gibt es noch die oben erwähnten Lücken hinsichtlich der Nutzung – die vorhandenen Reichweitendaten werden bisher kumuliert auf alle Pins einer Domain ausgewiesen und es gibt auch nicht die Views auf einzelne Pins – was noch nicht ist, kann aber durchaus noch werden. Hier darf man gespannt auf die weitere Entwicklung bei Pinterest sein und welche Daten letztendlich in die API gegeben werden. Man hört manches, kann sich aber nicht sicher sein. Sollte es neue Entwicklungen geben, dann berichte ich in meinem Blog *datenonkel.com* darüber.

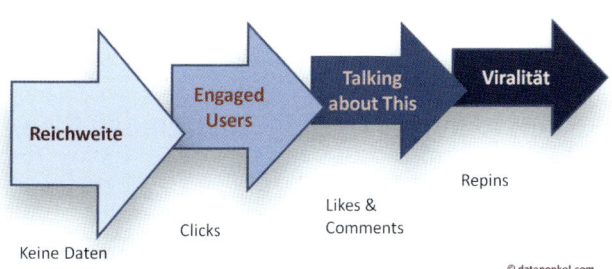

***Abb. 8.11**: Pinterest-Daten in der Facebook-Struktur*

8.5 Sentiment?

Social-Media-Monitoring-Tools werten auch das sogenannte »Sentiment« aus. Es wird dabei ermittelt, ob die Aussage innerhalb eines Kommunikats positiv, neutral oder negativ ist. Dabei wird das Produkt, die Organisation,

---

17. Die Aktualisierung der Facebook Insights im Juni 2013 brachte nicht wirklich eine Abänderung des Messsystems. Die Daten wurden lediglich etwa anders dargestellt.

das Thema etc., auf die sich die Aussage bezieht, aus dem Text an sich herausgelesen. Ich neige sehr dazu, Pinterest von dieser Untersuchung auszunehmen. Der Grund ist einfach: Es gibt sehr wenig Kommentare, die in den seltensten Fällen negativ sind. Die Auszählung der Kommentare bezogen auf die Pins sollte in den meisten Fällen ausreichen.

Wenn man die Auswertung für erforderlich hält, kann man folgenden Weg einschlagen: Pinterest nennt hier an der konkreten Stelle lediglich die Domain der Website. In vielen Fällen wird im oft knappen, dafür aber stark wertenden Text kein Name oder Ähnliches zur Identifikation genannt. Auch für den Zweck des Monitorings muss also dem Link gefolgt werden, um den Text zuzuordnen und weiter zu qualifizieren. Der Produktname steht, seit es Rich Pins gibt, glücklicherweise beim Bild. Man muss nur aufpassen, dass man keine Eigenaussagen für Wertungen von Nutzern hält. Ansonsten ist der Produktname in den allermeisten von mir getesteten Fällen auf der Zielseite des gezeigten Bildes, müsste allerdings auch automatisiert identifiziert werden. Dabei handelt es sich um eine Aufgabe, die im Crawling von Informationen durchaus bekannt ist, bisher nach meinem Wissen jedoch noch nicht im Monitoring eingesetzt wurde.

8.6 Pins eigener Produkte von fremden Websites

Insgesamt ist die Lage jedoch noch um ein Stück komplexer. Die eigenen Produkte werden in vielen Fällen ja nicht nur über die eigene Website vertrieben, sondern auch über viele andere Plattformen. Wenn man nun wissen möchte, wie oft die eigenen Produkte gepinnt werden, dann wird es knifflig. Wenn es darum geht, die Kommentare auf Produktbewertungsportalen zu monitoren, ist das auch nicht ganz einfach. Der Produktname wird leider nicht immer einheitlich geschrieben. Im Falle von Pinterest erhält man den Produktnamen mitunter erst nach zwei Klicks. Die große Frage ist dann, wo der Produktname steht, um ihn der Bewertung unterhalb des Produktbilds zuzuordnen. Nach meiner Einschätzung erfordert dies jeweils starke manuelle Eingriffe bei der Einrichtung des Monitorings für einen Kunden. Meistens steht der Produktname im Titel der Seite. Dieser Titel hat dann oft auch noch eine Erweiterung, wie beispielsweise »kaufen im Laden XY«. Diese Erweiterung ist glücklicherweise auch fast immer gleich, sodass diese automatisiert gelöscht werden kann.

Leider gibt es noch eine weitere Schwierigkeit: Auch wenn die Unternehmen ihre Stammdaten per CSV oder auf anderen Wegen an Händler übergeben, so lassen viele Online-Shops den Produktnamen nicht unberührt. Der Name wird im Sinne der SEO bearbeitet und erweitert. Aus »Jacket« wird »Jacke«, der Verwendungszweck wird ergänzt etc. Das alles ist für den Verkauf richtig und wichtig. Für das Monitoring verursacht es einen nicht zu unterschätzenden Aufwand. Ob dieser für eine automatisierte Rücktransformation gerechtfertigt und notwendig ist, muss in der Diskussion mit dem Kunden eruiert werden. Eine allgemeine Lösung ohne Anpassungsaufwand kann ich mir derzeit nicht vorstellen. Bis hierfür eine tragfähige und effiziente Lösung gefunden wird, werden nach meiner Einschätzung noch einige Jahre vergehen. Zwischenzeitlich muss man sich auf die Ergebnisse des allgemeinen Monitorings verlassen, das ja ganz ähnlichen Herausforderungen unterliegt.

8.7 Tracking von Pins auf der eigenen Website

Ein anderer Weg, den man einschlagen kann, um zu einer Einschätzung darüber zu gelangen, wie häufig Bilder von der eigenen Website gepinnt werden, besteht darin, dies auch auf der eigenen Website zu tracken. Ganz einfach ist das nicht, da beispielsweise der Pin-Button in einem iFrame untergebracht ist. Grundsätzlich ist dies jedoch möglich oder wird von Diensten wie »AddThis« oder »ShareThis« angeboten.

Der Grund, warum man diesen Weg wählt, besteht meistens in erster Linie darin, dass man so vergleichbare Zahlen für verschiedene soziale Plattformen bekommt. Allerdings gibt es Unterschiede zwischen solchen Netzwerken, die mittels eines Marklets angesprochen werden können, und solchen, bei denen diese Möglichkeit nicht besteht. Der grundsätzlich sicherste Weg der Zählung ist immer im Netzwerk selbst – und diese Zahlen kann man ja auch in den Pinterest-Analytics bekommen.

8.8 Tracking des Referral-Traffic

Das Tracking des Referral-Traffic muss in der Web-Analytics-Applikation erfolgen. Für die Referrer gibt es in allen mir bekannten Lösungen Standard-Reports. Diese müssen dann nur noch auf Pinterest gefiltert werden, was auch meistens möglich ist.

In Google Analytics müssen Sie in den Standard-Reports die Kategorie TRAFFIC SOURCES aufrufen und dann unter SOURCES den REFERRAL-REPORT. Geben Sie unter der Reportgrafik in das Suchfeld »Pinterest« ein und schon haben Sie Pinterest herausgefiltert.

Eine andere Möglichkeit, die wirklich sehr aufschlussreich sein kann, besteht darin, einen Custom-Report anzulegen, bei dem die erste Dimension der vollständige Referrer ist und die Zielseite als zweite Dimension gewählt wird. So erfährt man auch, um welches Produkt es sich handelt.

Der Vorteil dieser Methoden besteht darin, dass die Daten direkt im Datentopf von Google Analytics ausgewertet werden und man die Ergebnisse nicht von anderer Stelle übertragen muss. Sowohl Piqora als auch Curalate haben ähnliche Funktionalitäten und man muss sich nicht um die geeignete Aufbereitung der Reports kümmern. Überlegen Sie also, was günstiger für Sie ist.

Ratsam ist es, die eigenen Pins mit Kampagnen-Codes zu versehen, dann kann der Erfolg der eigenen Pins zum Gesamterfolg in Relation gestellt werden. Das Vorgehen mit Google Analytics ist denkbar einfach – auch wenn die Bearbeitung derzeit noch manuell erfolgen muss und etwas Aufwand verursacht, der aus meiner Sicht vertretbar ist. In Abbildung 8.12 sehen Sie die beispielhafte Generierung der Tracking-URL.

Abb. 8.12: *Google-Analytics-Generierung der Pinterest-Tracking-URL*

Wenn man ein Produktbild oder wie ich ein Bild von meinem Test-Blog pinnt, dann kann man bei Pinterest im ersten Schritt die URL des Bildes nicht editieren, wohl aber, wenn man das Bild anschaut und auf EDIT klickt. Sie müssen dann einfach die Tracking-URL in das entsprechende Feld LINK kopieren, wie in Abbildung 8.13.

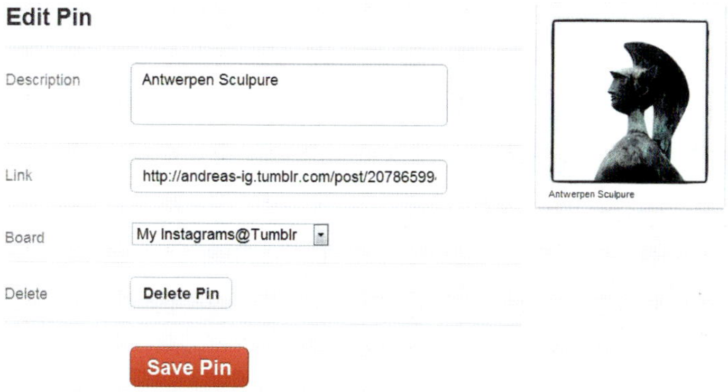

Abb. 8.13: *Editieren der Pinterest-Tracking-URL*

Wenn Sie einen eigenen Report für Pinterest haben möchten, so lässt sich das mit Google Analytics und anderen Produkten der Enterprise-Klasse auch recht einfach lösen. Es wird ein Report angelegt, der entsprechend gefiltert ist. Wenn Sie es für erforderlich halten, können Sie auch noch resultierenden Umsatz zuordnen und Bounces – also Besuche mit nur einem View – aus dem Report herausfiltern.

Einzig die Tatsache, dass Pinterest schon einmal – absichtlich oder aus Unwissenheit der Techniker – einfach alle Tracking-Erweiterungen gelöscht hat, verursacht etwas Unbehagen.

In meinem Buch *Social Media – Analytics & Monitoring* finden Sie weitere Informationen zum Thema.

Kapitel 9
Werkzeuge

9.1 Bilder aus Dingen machen, die keine Bilder sind 196

9.2 Zeitversetzt pinnen mit PinGraphy. 198

Mitunter benötigt man Helferlein, um mit einer Plattform besser arbeiten zu können. Das ist besonders dann so, wenn man etwas mehr pinnen möchte, Kollegen anlegen oder schnell Text in Bilder verwandeln möchte. Die meisten der Werkzeuge, die im Zuge und im Umfeld von Pinterest entstanden sind, trugen ein »Pin« im Namen oder tragen es noch. Pinterest sieht das nicht gerne und geht offensichtlich auch dagegen vor. Es kann also sein, dass beispielsweise das unten genannte PinGraphy bald seinen Namen ändern muss.

9.1 Bilder aus Dingen machen, die keine Bilder sind

Eine der Herausforderungen für den ambitionierten Pinner besteht darin, wie er sich Seiten merken kann, auf der kein oder nur wenig brauchbares Bildmaterial ist oder die nicht vorsehen, dass man von ihnen pinnt – Tweets, Songs von Spotify oder Screenshots von Websites.

9.1.1 pinstamatic

Mit pinstamatic kann man ziemlich viel machen. Besonders begeistert haben mich Screenshots von Seiten, die sehr lang sind. Man gibt einfach die Adresse ein und nach einigen Sekunden hat man ein Bild, das man pinnen kann – einfach wunderbar. Sie müssen dann nur noch den Pin-Button drücken und Sie kommen in den regulären Dialog.

Gleiches gilt für Texte, die Sie auf verschiedenfarbige PostIts schreiben, Sie können in verschiedenen Schriftarten Zitate oder Ähnliches verfassen und in Bilder verwandeln, Spotify-Titel in Pins verwandeln, Tweents pinnen, Daten oder Orte. Ganz besonders toll entwickelt ist die Möglichkeit, Bilder mit Texten zu versehen. In Abbildung 9.1 habe ich mir ein Bild aus meinem Instagram-Account über eine Schnittstelle geholt und ein wenig Text darüber geschrieben. Die Zahl der zur Verfügung stehenden Schnittstellen ist übrigens gigantisch groß. Es ist fast egal, wo die Bilder liegen, Sie können mit pinstamatic darauf zugreifen. Es geht auch in Facebook – was ansonsten ja nicht so ganz einfach ist. Das kostenlose Tool ist einfach ein schönes Spielzeug.

Bilder aus Dingen machen, die keine Bilder sind | 9.1

***Abb. 9.1**: Bilder beschriften mit pinstamatic*

9.1.2 PinCo.

Wenn Sie einfach mal schnell die Bilder eines Boards in eine Collage verwandeln wollen, eignet sich PinCo. schon recht gut. In Abbildung 9.2 können Sie sehen, was mit dem Tool möglich ist. Das ist schon toll. Ich fände es allerdings besser, wenn man gegen Bezahlung vielleicht noch einen eigenen Schriftzug in das Bild einfügen könnte und gleichzeitig der Werbeschriftzug von PinCo. verschwinden würde.

Man könnte die Liste der kleinen und etwas größeren Helfer noch lange fortsetzen.

Um Texte in Bilder zu befördern, gibt es noch

- *pinwords.com*
- *shareasimage.com*

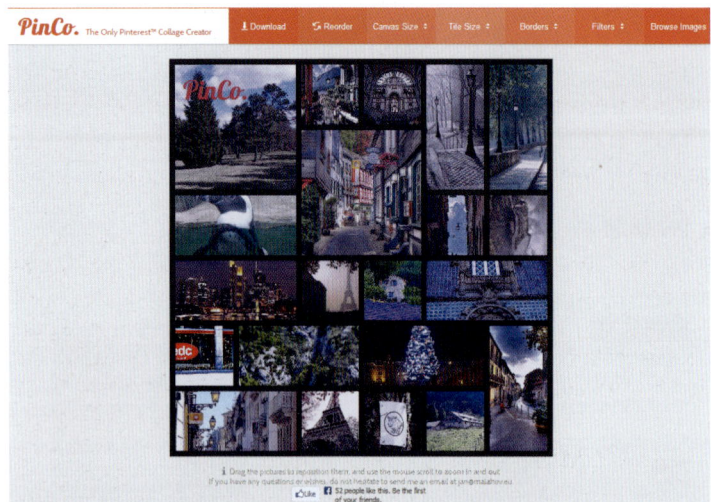

Abb. 9.2: *Eine PinCo.-Collage meines Boards »Favorite Places & Spaces«*

Pinwords ist schon ganz nett und kostenlos. Die kostenlose Version von shareasimage ist nicht wirklich berauschend. Wenn man 7 US$ bezahlt, soll es angeblich ganz toll sein – ich empfehle dennoch pinwords.

Im Chrome Store finden sich noch Erweiterungen, mit denen man alle Bilder einer Seite im Web gleichzeitig pinnen kann, weitere Pin-Lösungen etc. Dort gibt es auch viel mehr als für Firefox. Über Erweiterungen zum Pinnen mit der rechten Maustaste geht das aber nicht hinaus.

9.2 Zeitversetzt pinnen mit PinGraphy

Zeitversetzt pinnen – vielleicht so ein Buffer – könnte ganz nützlich sein. Es gibt eine Reihe von Werkzeugen, mit denen das mittlerweile möglich ist. Wenn Sie Wildfire einsetzen, kennen Sie das. Curalate ist auch ein Beispiel. Es sind einige Analytics-Werkzeuge, die das direkte und zeitversetzte Pinnen ermöglichen. Die Preise sind zwar nicht so gigantisch hoch. Mit PinGraphy ist es aber etwas günstiger. Die Preise beginnen ab 12 US$/Monat oder 100 US$/Jahr.

9.2 Zeitversetzt pinnen mit PinGraphy

Zeitversetzt pinnen kann schon hilfreich sein. Kontinuierlich pinnen, ohne zu viele Pins auf einmal abzusetzen, scheint den größten Erfolg bei der Generierung von echten Followern zu haben. Ein Werkzeug, mit dem das möglich ist, ist also ausgesprochen hilfreich. Besonders für Online-Shops wäre ein entsprechendes Werkzeug nützlich.

Da ich keine Werbung für einen Shop machen möchte, aber eine Beispielseite benötigte, mit der ich testen konnte, ist meine Wahl auf WandernBonn.de gefallen. Angelica bloggt dort über ihre Wanderungen rund um Bonn, dem Rheinsteig im Siebengebirge, Venn oder eben dem Rotweinwanderweg an der Ahr. Sie schreibt ganz wunderbar und macht wirklich schöne Fotos – oft mehr als zwölf oder fünfzehn pro Wanderung. Genau die geeignete Ausgangssituation! Ich habe also ein Board »Rotweinwanderweg Ahr« angelegt, um zu zeigen, wie PinGraphy funktioniert.

9.2.1 Registrierung und erste Schritte

Man kann sich mit seinem Pinterest-Account registrieren. Das ist einfach. Der nächste Schritt besteht schon darin, das Marklet in seiner Browser-Bookmark-Leiste zu platzieren. PinGraphy hat es am Kopf der Seite sehr auffällig platziert und noch dazu sehr einfach erklärt – deutlicher und simpler als Pinterest selbst. Sie kennen die Funktion schon von Pinterest und doch ist es ein wenig anders:

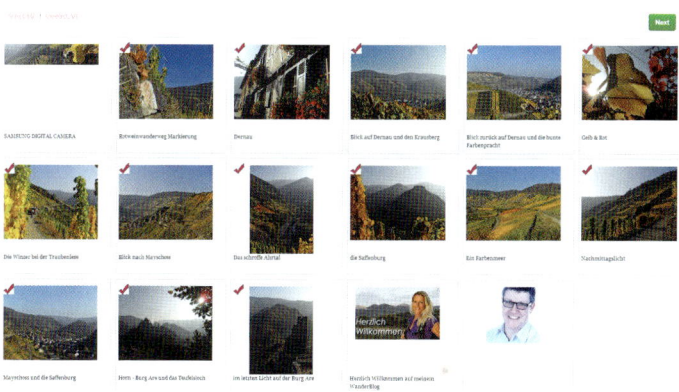

Abb. 9.3: *Die Pin-Auswahl mit PinGraphy*

Im Gegensatz zu deren Verfahren ist es möglich, gleich mehrere Pins auszuwählen. Durch Anklicken kann man markieren, welche Bilder einer Seite man pinnen möchte. Besonders für Shops könnte das hilfreich sein. Die Arbeit würde sich beträchtlich abkürzen. Es gibt eine Unselect-All-Funktion, sodass man danach die Bilder einzeln auswählen kann.

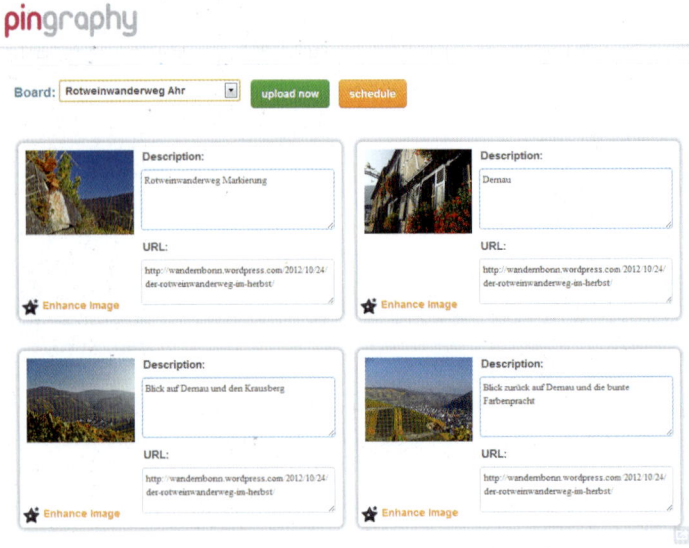

Abb. 9.4: *Pins editieren*

Das Werkzeug zieht brav die Alt-Texte der Bilder. Das ist wunderbar.[18] Man sieht auch die Ziel-URLs und kann diese bearbeiten – und beispielsweise Kampagnen-Tags von Google Analytics mitgeben. Bei einem Test hat das funktioniert – auch wenn man ja leider nie so sicher sein kann, was Pinterest mit solchen Erweiterungen anstellt. Mitunter werden diese manipuliert oder schlichtweg gelöscht.

---

18. Auch Rich Pins funktionieren wie gewünscht und erwartet.

9.2.2 Bilder bearbeiten

Ein wenig Instagram darf auch noch sein. Mit dem Klick auf ENHANCE IMAGE öffnet sich ein Bearbeitungsfenster – nette Spielerei. Ich habe ein Foto ein wenig bearbeitet (Angelica – entschuldige bitte).

Abb. 9.5: Bilder bearbeiten und mit Effekten versehen

9.2.3 Schedule

Mit dem Schedule-Fenster kommt dann aber genau das, was man nicht so wirklich will, auch wenn es einfach ist: Alle ausgewählten Bilder werden ab einem bestimmten Zeitpunkt gepinnt und man kann lediglich den zeitlichen Abstand zwischen den einzelnen Bildern einstellen. Schön wäre es eben, wenn es möglich wäre, die Zeit pro Bild einzeln einzustellen. Aber man kann eben nicht alles haben bei einem kostengünstigen Tool. In der Profi-Version sollte eine solche Funktionalität vorhanden sein – denken wir einfach an Buffer. PinGraphy hat das (noch) nicht in der Premium-Version. Dafür kann man aber mehrere Accounts damit verwalten, was auch recht hilfreich ist.

Schließt man den Pin-Vorgang ab, so bekommt man eine Übersicht der Pins mit dem jeweils vorgesehenen Zeitpunkt. Man kann Pins einzeln löschen, aber leider nicht mehr einzeln editieren.

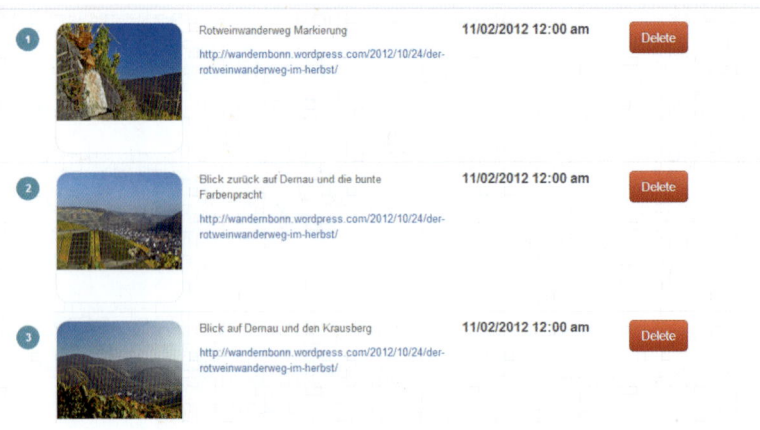

Abb. 9.6: Der Pin-Plan

Ergebnisse werden dann auch noch angezeigt. Das ist nett und wird auch sauber dargestellt. Das ist schon okay so. Die gesetzten Pins wurden pünktlich platziert.

Insgesamt ist PinGraphy wirklich brauchbar und angenehm zu bedienen. Es ist ein tolles Werkzeug für den recht geringen Preis. Man spart viel Zeit, wenn man beispielsweise ganze Produktkategorien pinnen muss. Wenn man die Pins auch noch einzeln mit einem Zeitpunkt versehen könnte, wäre es perfekt. Hinsichtlich der statistischen Daten würde ich allerdings ein anderes Tool vorziehen, vielleicht Curalate (vgl. Abschnitt 8.3.3).

Quellen

Allgemeine Quellen.................................. 204
Business Informationen............................. 204

Hier finden Sie einige Quellen mit aktuellen und weiterführenden Informationen.

Allgemeine Quellen

help.pinterest.com/home
Am wichtigsten ist Pinterest selbst. Dort finden Sie im Help-Bereich immer aktuelle Informationen – gerade auch wenn mal etwas hakt. Der Hilfe-Bereich ist jetzt, da ich dies Zeilen schreibe, noch ausschließlich in Englisch gehalten. Es gab allerdings schonmal einen Teil in Deutsch und es deutet auch einiges darauf hin, dass mal bald diesen einfacheren Zugang finden wird.

blog.pinterest.com
Im offiziellen Pinterest-Blog gibt es ziemlich oft einfach nur Rahmeninformationen zu Trends und Events. Allerdings werden in diesem Blog auch Neuerungen angekündigt. Wer sich dafür interessiert, sollte dem Blog folgen oder wenigstens Pinterest auf Facebook. Dort werden auch regelmäßig die Neuerungen angekündigt.

www.facebook.com/groups/pinterest.german/
Mir hat die Mitgliedschaft in der von Christine Pfeil gegründeten Gruppe sehr viel gebracht. Wenn Sie in Sachen Pinterest stets auf dem neusten Stand bleiben möchten empfehle ich ihnen die Mitgliedschaft.

Business Informationen

business.pinterest.com
Hier erklärt Pinterest vieles für Unternehmen. Es gibt Erfolgsgeschichten und die neusten Features für Unternehmen werden stets erläutert. Unternehmen sollten sich das auf jeden Fall ansehen.

datenonkel.com/category/pinterest/
Ich selbst bemühe mich natürlich die wichtigsten Neuerungen auf Pinterest in meinem Blog zu besprechen und auch auf interessante neue Studien hinzuweisen. Ansonsten kenne ich wenig andere deutschsprachige Quellen. futurebiz sollte ich noch nennen.

blog.piqora.com
Der Hersteller des Werkzeugs publiziert immer wieder interessante Neuigkeiten und Analysen seiner Daten.

blog.curalate.com
Die Blogs von curalate und piqora sind recht ähnlich hinsichtlich der inhaltlichen Schwerpunkte. Hinsichtlich der publizierten Auswertungen ergänzen sich beide ganz wunderbar.

Index

A

Absender 133
Absenderangabe 151
Account 53, 64
Account vervollständigen 57
Affiliate-Parameter 93
Alt-Text 108
Analytics 173
Apps 120

B

B2B 50
Bekleidung 46
Benachrichtigungen 122
Benachrichtigungseinstellungen 61
Benutzername 64
Bildanmutung 150
Bilder 146
Bilder, beurteilen 132
Bildformat 149
Bildgröße 148
Boards 18
Boards anlegen 74
Boards folgen 56
Boards sortieren 84
Boards, geheime 82
Boards, Gruppen 79
Board-Widget 144
Bookmarklet 20
Brand Guidelines 165
Browser 21
Business-Accounts 62, 70, 174

C

Captcha 165
Chrome 22
Cookies 103
Copyright 91
Curalate 65, 130, 186

D

Delicious 24
Design 50
Dienstleister 171
Domain 157

E

Einladen 79
Einstellungen 122
Entfolgen 19
etsy 135

F

Facebook 23
Facebook, anmelden mit 55
Feed 20, 93
Filme, Rich Pins 139
Firefox 22
Flickr 26
Folgen 19, 97, 163
Follow 19
Fotografie 49
Fotos 147
Freitextsuche 99

Index

G

Gastronomie 43
Geheime Boards 82
Geschäftlich 83
Gewinnspiele 164
Goodies 20
Google Analytics 183, 192
Grafiken 154
Gruppen-Boards 79

H

Halbwertzeit 41
Haushaltsgeräte 48
hRecipe 137

I

iFrames 131
Instagram 25, 201

K

Kanal 41
Kategoriensuche 99
Kollegen 171
Kunst 49
Kurztext 156

L

Lebensmittel 45
Liken 162

M

Markenrichtlinien 166
Marklet 101
Mister Wong 24
Mitgliederzahl erhöhen 81
Möbel 48

ModCloth 141
Motive 30

O

oEmbed 135
Open-Graph-Tags 136

P

Peugeot Panama 168
Photobucket 37
Pin 17, 94
Pin melden 113
PinAlerts 178
PinCo. 197
PinGraphy 198
Pin-It-Button 101
Pinnen 87, 102
Pinnen verboten 109
Pinnen verhindern 145
pinnen, zeitversetzt 198
Pinnwände 18, 90
Pinnwände sortieren 84
Pinnwände, geheime 82
Pinnwänden folgen 56
pinstamatic 196
Pinterest Source Function 177
Pinterest-Analytics 173
Pinterest-Regeln 111
Piqora 39, 182
Preisangaben 156
Primärpins, mobile 124
Profil 57
Profilangaben 59

R

Rechtliches 115
Referral-Rate 40
Referral-Traffic 191
Reichweite 36

Index

Repinnen 88, 162
Repins nicht vergessen 77
Repins, Quellen für 93
Rezepte, Rich Pins 137
Rich Pins 134, 135
Rich Pins, Produkte 135
Richtlinien, Gewinnspiele 164
RJMetrics 178

S

sammeln 16
Samstag 21
Schema 137
Sentiment 189
SEO 39, 157, 191
Shareaholic 41
Sharing-Dienst 134
Shortener 92
Social Plug-ins 108
Sonntag 21
sortieren 16
Spam 81, 165, 171
StumbleUpon 24, 110
Suchfunktion 98

T

Tag 105
Tourismus 43

Tracking 191
Tumblr 25
Tumblr.com, verifizieren 69
Twitter 24
Twitter, anmelden mit 55

U

Unternehmen 62

V

verifizieren 66
Viralität 39

W

Website verifizieren 66
weibliche Nutzer 38
weiterpinnen 88
Widget-Generator 142
Widgets 143
Wordpress.com, verifizieren 68
Workflow 158

Z

Zeitversetzt pinnen 198
Zieladresse 157

Christian O. Schilling

Dropbox

Sicher speichern und effektiv arbeiten in der Cloud

- **Der beliebteste Cloudspeicherdienst Schritt für Schritt erklärt**
- **Daten unabhängig vom Betriebssystem synchronisieren**
- **Arbeitsprozesse optimieren mit vielen Zusatz-Apps**

Dropbox ist eine kostenlose Cloud-Anwendung, mit der Sie Dokumente, Fotos und Videos systemübergreifend speichern und teilen können. Ob auf dem stationären Rechner, dem Smartphone oder einfach im Netz – alle Dateien sind immer und überall verfügbar. So hilft Ihnen Dropbox über alle Plattformen hinweg beim effektiven Arbeiten.

Christian Schilling erklärt in diesem Handbuch Schritt für Schritt, wie Sie Ihr Dropbox-Konto einrichten und die Software auf allen Geräten installieren. Danach geht er einzeln auf alle wichtigen Punkte ein: Dateien laden, Freigabelinks und gemeinsame Ordner einrichten, Fotostreams veröffentlichen, Speicher erweitern, Datenschutz und vieles mehr.

Neben den Standardfunktionen beschreibt der Autor auch ausführlich, wie Sie Dropbox in Kombination mit anderen Applikationen und Services effizient einsetzen. So können Sie Workflows erstellen, die Ihre Produktivität und Organisation unterstützen. Ein weiteres Kapitel beschreibt Dropbox als sichere Backuplösung.

Viele hilfreiche Tipps und Tricks sowie Beispiele aus der Praxis liefern Anregungen für den praktischen Umgang mit Dropbox.

Probekapitel und Infos erhalten Sie unter:
www.mitp.de/9457

ISBN 978-3-8266-9457-8

Herbert Hertramph

Evernote
Das praktische Tool für Selbstorganisation und Informationsmanagement

- **Vom effektiven Notiztool bis zur komplexen Dateiverwaltung**
- **Selbstorganisation und Informationsmanagement synchronisiert über alle Geräte und Betriebssysteme hinweg**
- **Mit anschaulichen Alltagsbeispielen, Tipps und Tricks**

Was auf den ersten Blick wie ein kleines Softwareprogramm zum Erstellen von Notizen aussieht, hat sich innerhalb kürzester Zeit zu einer der Standard-Apps der Generation Smartphone entwickelt.

Evernote ist als Organisationstool kostenlos und einfach zu bedienen: Notizen, Dateien, Fotos, Websites, Blogartikel – alles, was man sich im Alltag merken möchte, wird in diesem Programm übersichtlich und geordnet dargestellt.

Aber Evernote kann noch mehr: Es ist betriebssystemunabhängig, komplex genug für unzählige professionelle Anwendungsmöglichkeiten und lässt sich durch die Synchronistaion zwischen stationärem Rechner und Smartphone perfekt in den Alltag integrieren.

Herbert Hertramph gibt in diesem Buch zunächst eine kompakte Einführung in das Programm von der Installation bis zum Erstellen der ersten Notiz.

Danach stellt er die zahlreichen Anwendungsmöglichkeiten mit vielen Tipps und Tricks vor, die zum Teil auch langjährigen Evernote-Nutzern noch unbekannt sind. Der umfangreichen Suchfunktion innerhalb des Programms ist ein ganzes Kapitel gewidmet.

Durch die Möglichkeit, Notizen zu teilen und mit anderen zusammen daran zu arbeiten, entwickelt sich Evernote auch immer mehr zu einem beliebten Tool im Arbeitsalltag. Wichtige Projektdetails, Gesprächsnotizen oder Meetingunterlagen sind immer aktuell und schnell zur Hand. Von der individuellen Gedächtnishilfe entwickelt sich Evernote so zum zuverlässigen Informationsmanagementsystem.

Schließlich zeigt der Autor viele Beispiele aus der Praxis von Anwendern, die Anregungen für den eigenen Umgang mit Evernote liefern.

Probekapitel und Infos erhalten Sie unter:
www.mitp.de/9274

ISBN 978-3-8266-9274-1

Björn Tantau

Google+

Einstieg und Strategien für erfolgreiches Marketing und mehr Reichweite

- **Einfacher Einstieg in das Social Network von Google**
- **Google+ als Marketinginstrument nutzen**
- **Nachhaltige Strategien für mehr Reichweite**

Mit Google+ hat sich Google ein soziales Netzwerk geschaffen, das im Markt gegen den großen Konkurrenten Facebook ansteht. Das mit klarem Design und Innovationen überzeugende Netzwerk will künftig zentrale Schaltstelle für alle Google-Dienste werden. Über 100 Millionen Menschen sind bereits angemeldet. Aber Google+ ist nicht nur ein weiteres Social Network. Durch die Unternehmensseiten, den +1-Button sowie die zunehmende Integration in die Websuche wird Google+ im Online-Marketing künftig eine wichtige Rolle spielen.

Björn Tantau, Social Media Referent und Autor zahlreicher Fachartikel, erklärt im ersten Teil dieses Buches Schritt für Schritt den Einstieg in Google+: vom eigenen Profil über die nötigen Privatsphäre-Einstellungen bis hin zum Anlegen von Circles. So bauen Sie sich nach und nach Ihr eigenes Netzwerk auf und entwickeln es durch regelmäßige und interessante Inhalte zu einer treuen Community.
Der zweite Teil des Buches widmet sich dann dem Marketing mit Google+. Ob Sie das Image Ihres Unternehmens verbessern möchten oder Ihren Blog in den Suchergebnissen von Google an die Spitze bringen wollen, der Autor erklärt Ihnen nachhaltige Strategien für mehr Reichweite und zeigt Ihnen, wie Sie diese mit einer eigenen Unternehmensseite auf Google+, Suchmaschinenoptimierung und der Verwendung von Google+ Apps erfolgreich umsetzen.

Über den Autor:
Björn Tantau ist seit Ende der 1990er Jahre im Bereich Online-Marketing aktiv und beschäftigt sich mit Suchmaschinenoptimierung, Linkaufbau und Social Media Marketing. Er ist als Referent im Bereich Social Media und Google+ tätig, schreibt für Fachmagazine und spricht bei Branchenkonferenzen und Messen.

Probekapitel und Infos erhalten Sie unter:
www.mitp.de/9223

ISBN 978-3-8266-9223-9

Felix Disselhoff

Gefällt mir!
Das Facebook-Handbuch

- Die neue Facebook-Chronik richtig nutzen
- Die wichtigsten Einstellungen, um die Privatsphäre zu schützen
- Mit zahlreichen Profi-Tipps

Sind Sie auch schon Einwohner der Facebook-Welt oder wollen es werden? Dann sind Sie nicht allein. Fast 24 Millionen nutzen das soziale Netzwerk schon in Deutschland – und täglich werden es mehr. In dieser Welt der Posts, Kommentare, Likes und Shares fühlen sich aber viele auch schnell überfordert von unzähligen Statusmeldungen oder haben Angst, dass Fremde das eigene Profil ausspionieren. Und was macht Facebook eigentlich mit all den Daten?

Dieses Handbuch richtet sich an alle Facebook-Neulinge und unerfahrene Anwender, die von der Vielzahl an Funktionen überwältigt sind und nicht genau wissen, was sie im Strom der Neuigkeiten und Spieleanfragen eigentlich tun sollen. Das Buch ist aber genauso interessant für diejenigen, die endlich alle Möglichkeiten ausnutzen wollen, die Facebook zu bieten hat.

Der Autor begleitet Sie bei den ersten Schritten auf Facebook und beim Umstieg auf die neue Chronik und erklärt, wie Sie sich auf der Startseite zurecht finden und Ihr Profil gestalten. Er zeigt Ihnen den richtigen Umgang mit Ihren persönlichen Daten und auch, was viele oft vergessen, wie Sie die Privatsphäre Ihrer Freunde und Familie schützen. Zusätzlich beschreibt er zahlreiche Einstellungen, mit denen Sie Facebook und anderen Drittanbietern die Nutzung Ihrer Daten untersagen.

Wer Facebook versteht und sich auskennt, merkt erst, wie viel Spaß das Netzwerk macht: von der Kommunikation mit Freunden bis hin zu erweiterten Funktionen wie Nachrichtenticker, mobile Nutzung und die Integration von Apps – mit zahlreichen Profitipps entdeckt jeder Nutzer noch Neues in der Welt von Facebook.

Probekapitel und Infos erhalten Sie unter:
www.mitp.de/9236

ISBN 978-3-8266-9236-9

David Meerman Scott

Die neuen Marketing- und PR-Regeln im Social Web

Wie Sie Social Media, Online Video, Mobile Marketing, Blogs, Pressemitteilungen und virales Marketing nutzen, um Ihre Kunden zu erreichen

3. Auflage

- Alle Möglichkeiten der webbasierten Kommunikation und Interaktion nutzen
- Marketing- und PR-Plan entwerfen und umsetzen
- Zahlreiche neue Fallstudien und Beispiele aus der Praxis

Das Internet hat die Art und Weise, wie Menschen miteinander kommunizieren und wie Unternehmen mit potentiellen Kunden interagieren können, grundlegend verändert. Während Zielgruppen früher nur durch aufwändige und teure Werbung erreicht werden konnten, bietet das Internet heute zahlreiche neue und effektive Wege, Kunden direkt auf sich aufmerksam zu machen und eine persönliche Beziehung mit ihnen aufzubauen.

Diese einzigartige Anleitung für modernes Online-Marketing zeigt Ihnen, welches Potential die webbasierte Kommunikation und Social Media Ihnen eröffnen, und vermittelt einen konkreten Vorgehensplan: Mittel zum Zweck im Social Web sind Blogs, Podcasting, Facebook, Twitter, Pressemitteilungen, Virales und Mobile Marketing sowie die Erfolgsmessung. Der Autor zeigt Ihnen, wie Sie Ihre Zielgruppen identifizieren, überzeugende Botschaften formulieren, diese an die richtigen Leute senden und die Konsumenten zum Kauf anregen.

Die aktualisierte und erweiterte dritte Auflage veranschaulicht mit zahlreichen überzeugenden Fallstudien und neuen Beispielen aus der Praxis detailliert den Umgang mit den Herausforderungen und Chancen für PR und Marketing. So lernen Sie alles, was Sie brauchen, um die neuen Regeln umzusetzen. Wenn Sie in Ihrem Metier erfolgreich sein wollen, vergessen Sie die Tradition, nutzen Sie die neuen Medien und handeln Sie nach den neuen Regeln für Marketing und PR.

David Meerman Scott ist ein preisgekrönter Online-Thought-Leadership-Stratege. Mit den von ihm entwickelten Marketing-Programmen wurden Produkte und Dienstleistungen im Wert von über einer Milliarde Dollar weltweit verkauft.

Probekapitel und Infos erhalten Sie unter:
www.mitp.de/9185

ISBN 978-3-8266-9185-0

Mathias Kempowski

Facebook-Commerce
Erfolgreich auf Facebook verkaufen: Marketing, Shops, Strategien, Monitoring

- Facebook-Marketing: Fans gewinnen, Gruppen aufbauen, Fanpage bewerben
- Produkte verkaufen: Strategien und Lösungen für Facebook-Shops
- Mit vielen praktischen Beispielen und zahlreichen Tipps zu Tools und Dienstleistern

Social-Media-Marketing machen alle – es wird Zeit für Social-Commerce! Viele Nutzer sind mindestens einmal am Tag auf Facebook oder mit ihren Smartphones ununterbrochen online — das sind nicht nur potenzielle Fans, sondern auch potenzielle Kunden.

Mathias Kempowski erklärt Ihnen zunächst die Grundlagen des Facebook-Marketings: Was macht eine gute Unternehmensseite aus? Wie gewinnen Sie echte Fans? Und wie können Sie sich z.B. durch Gruppen eine zusätzliche Community aufbauen?

Danach geht er einen Schritt weiter – denn das Ziel aller Mühen soll am Ende der Verkauf Ihrer Produkte und Dienstleistungen sein. Anhand praktischer Beispiele erfahren Sie, wie ein erfolgreicher Facebook-Shop aufgebaut ist, wie Sie ihn mit iFrames individualisieren und aus welchen Shop-Lösungen Sie wählen können.

Darüber hinaus lernen Sie, wie Sie unter anderem Facebook-Apps, Affiliate-Marketing und Newsletter einsetzen können, um Ihren Gewinn zu steigern.

Ein Kapitel zum Facebook-Monitoring und Hinweise zu rechtlichen Fallstricken runden das Buch ab.

Über den Autor:
Mathias Kempowski unterstützt Unternehmen beim Aufbau und der Vermarktung eigener Firmenblogs und Unternehmensseiten auf Facebook. Als Blogger gibt er Tipps zu Themen wie Existenzgründung und Selbstständigkeit.

Probekapitel und Infos erhalten Sie unter:
www.mitp.de/9295

ISBN 978-3-8266-9295-6

Erik Qualman

SOCIALNOMICS

WIE SOCIAL MEDIA WIRTSCHAFT UND GESELLSCHAFT VERÄNDERN

Social Media wie Facebook, YouTube und Twitter sind *die* Medien der Zukunft. Erik Qualman zeigt in diesem Buch ausführlich, wie sich das tägliche Verhalten der Menschen durch Social Media grundlegend verändert und wie Unternehmen dies für ihre Marketingstrategien nutzen können.

Socialnomics beschreibt einen einschneidenden sozioökonomischen Wandel. Da sich immer mehr Menschen im Web aufhalten und Tools wie Facebook, Twitter und YouTube nutzen, wird nicht nur ihr allgemeines gesellschaftliches Verhalten dadurch beeinflusst, sondern auch das Konsumverhalten.

Teure Werbung über bezahlte Medien wie Fernsehen, Radio und Zeitungen geben nicht mehr den Hauptausschlag für Kaufentscheidungen. Stattdessen zählen soziale Netzwerke, Tweets, Posts und Status-Updates. Entscheidend dabei ist, dass die Produkte und Dienste im Gespräch sind und über Social Media empfohlen werden. Marketing wird dadurch kostengünstiger, effizienter und zielgruppengerecht.

Erik Qualman beschreibt anhand vieler Fallstudien diesen Paradigmenwechsel und was Sie wissen müssen, um Social Media im Unternehmen gezielt einsetzen zu können. Über die neuen Kommunikationskanäle können Sie Kunden viel direkter ansprechen als mit herkömmlichen Marketing-Werkzeugen. So können Sie neue Zielgruppen erschließen, auf deren Bedürfnisse wesentlich besser eingehen, schnelles Feedback geben, Ihre Produkte marktgerecht verbessern und zeigen, dass Ihre Kunden Einfluss haben und wichtig sind – genau das, was in den Social Media zählt.

Socialnomics vermittelt wertvolle Einsichten, die wandlungsbereiten Unternehmen helfen, die neuen Möglichkeiten der Social Media mit Erfolg einzusetzen. Das Buch ist ebenfalls für alle interessant, die wissen wollen, was hinter den Social Media steckt und wie sich unsere heutige Gesellschaft verändert.

»In *Socialnomics* beschreibt Qualman brillant, dass der Schlüssel zum Social-Media-Erfolg im Handeln und nicht im nachdenklichen Abwarten liegt. Wer die Kraft dieser sozialen Welle nutzen will, anstatt von ihr zerschmettert zu werden, muss dieses Buch lesen.«
– Steve Kaufer, CEO, TripAdvisor

»Genau in diesem Moment wird online über Sie und Ihre Marke diskutiert. Dieses Buch hilft Ihnen und Ihrem Unternehmen, an dieser Diskussion teilzunehmen und davon zu profitieren.«
– Harry J. Gold, CEO, Overdrive Interactive

»Wir leben in einer Welt, in der das Eingehen auf Kunden erfolgsentscheidend ist. Sind Sie vorbereitet? Falls nicht, müssen Sie dieses Buch lesen!«
– Robert J. Murray, CEO, iProspect

Probekapitel und Infos erhalten Sie unter:
www.mitp.de/9020

ISBN 978-3-8266-9020-4